U0789620

金陵全書

丁編·文獻類

胡忠簡公經解

（宋）胡銓 撰

南京出版傳媒集團
南京出版社

圖書在版編目（CIP）數據

胡忠簡公經解 /（宋）胡銓撰. -- 南京 : 南京出版社, 2023.6

（金陵全書）

ISBN 978-7-5533-4172-9

Ⅰ. ①胡… Ⅱ. ①胡… Ⅲ. ①經學－研究－中國－宋代 Ⅳ. ①Z126.274.4

中國國家版本館CIP數據核字（2023）第059542號

書　名　【金陵全書】（丁編・文獻類）
胡忠簡公經解

作　者　（宋）胡銓

出版發行　南京出版傳媒集團
南 京 出 版 社

社址：南京市太平門街53號　郵編：210016

網址：http://www.njcbs.cn　電子信箱：njcbs1988@163.com

聯系電話：025-83283893、83283864（營銷）　025-83112257（編務）

出 版 人　項曉寧

出 品 人　盧海鳴

責任編輯　嚴行健

裝幀設計　楊曉崗

責任印製　楊福彬

製　版　南京新華豐製版有限公司

印　刷　南京凱德印刷有限公司

開　本　889毫米×1194毫米　1/16

印　張　45.5

版　次　2023年6月第1版

印　次　2023年6月第1次印刷

書　號　ISBN　978-7-5533-4172-9

定　價　800.00元

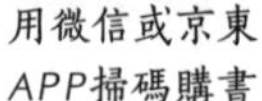

用淘寶APP
掃碼購書

總序

南京，古稱金陵，中國著名的四大古都之一，是國務院首批公佈的國家歷史文化名城。

南京有着六十萬年的人類活動史，近二千五百年的建城史，約四百五十年的建都史，享有『六朝古都』『十朝都會』的美譽。南京歷史的興衰起伏在某種程度上可以説是中國歷史的一個縮影。在中華民族光輝燦爛的歷史長河中，古聖先賢在南京創造了舉世矚目、富有特色的六朝文化、南唐文化、明文化和民國文化，爲中華民族文化的傳承和發展做出了不朽貢獻。然而，由於時代的遞遷、戰争的破壞以及自然的損毁等原因，歷史上南京的輝煌成就以物質文化形態留存下來的相對較少，見諸文獻典籍的則相對較多。南京文獻内涵廣博，卷帙浩繁，版本複雜。截至一九四九年中華人民共和國成立，南京文獻留存下來的有近萬種，在全國歷史文化名城中名列前茅。以六朝《世説新語》《文心雕龍》《昭明文選》，唐朝《建康實録》，宋朝《景定建康志》《六朝事跡編類》，元朝《至正金陵新志》，明朝《洪武京城圖志》《金陵古今圖考》《客座贅語》，清朝《康熙江寧府志》《白下瑣言》，民國《首都計劃》《首都志》《金陵古蹟圖考》等爲代表的南京地方文獻，不僅是南京文化的集中體現，也是中華民族優秀傳統文化的重要組成部分。這些南京文獻，積澱貯存了歷代南京人民的經驗和智慧，翔實地反映了南京地區的社會變遷，是研究南京乃至全國政治、經濟、軍事、文化、外交和民風民俗的重要資料。

歷史上的南京文化輝煌燦爛，各類圖書典籍琳琅滿目。迄今爲止，南京文獻曾經有過三次不同程度的整理。

第一次是距今六百多年前的明朝永樂年間，明朝中央政府在南京組織整理出版了《永樂大典》。《永樂大典》正文二萬二千八百七十七卷，凡例和目録六十卷，分裝成一萬一千零九十五册，總字數約三億七千萬字。書中保存了中國上自先秦、下迄明初的各種典籍資料達七八千種，是中國古代最大的類書。

第二次是民國年間，南京通志館編印了一套《南京文獻》。《南京文獻》每月一期，從一九四七年元月至一九四九年二月共刊行了二十六期，收入南京地方文獻六十七種，包括元明清到民國各個時期的著作，其中收録的部分民國文獻今天已經成爲絶版。

第三次是二〇〇六年以來，南京出版社選取部分南京珍貴文獻，整理出版了一套《南京稀見文獻叢刊》點校本，到二〇二〇年，已經出版了六十九册一百零五種，時代上起六朝，下迄民國，在學術普及方面做出了一定的貢獻。

中華人民共和國成立以來，尤其是改革開放以來，南京的政治、經濟、文化建設飛速發展，但南京文獻的全面系統整理出版工作一直没有得到應有的重視，這與南京這座國家歷史文化名城的地位頗不相稱。據調查，目前有關南京的各類文獻主要保存在南京圖書館、南京市檔案館，以及全國各地的高等院校、科研院所、圖書館、檔案館、博物館，少數流散於民間和國外。一方面，廣大讀者要查閲這些收藏在全國各地的南京文獻殊爲不便；另一方面，許多珍貴的南京文獻隨着歲月的流逝而瀕臨損毁和失傳。南京文獻的存史、資治、教化、育人功能没有得到應有的發揮。

盛世修史（志）。在中華民族和平崛起和大力弘揚民族傳統文化、全力發展民族文化事業的大背景下，在建設『文化南京』的發展思路下，中共南京市委、南京市人民政府於二〇〇九年十二月做出決定，將南京有史以來的地方文獻進行全面系統的匯集、整理和影印出版，輯爲《金陵全書》（以下簡稱《全書》），以更好地搶救和保護鄉邦文獻，傳承民族文化，推動學術研究，促進南京文化建設；同時，也更爲有効地增加南京文獻存世途徑，提昇南京文獻地位，凸顯南京文獻價值。

爲編纂出能够代表當代最高學術水平和科技成就，又經得起時間檢驗的《全書》，我們將編纂工作分成三個階段進行。第一個階段爲調研階段，主要對南京現存文獻的種類、數量、保存現狀以及收藏地點等進行深入細緻的調研，召集專家學者多次進行學術論證和可操作性論證，撰寫出可行性調查報告，爲科學決策提供依據，此項工作主要由中共南京市委宣傳部和南京出版社組織完成。第二個階段爲啓動階段，以二〇〇九年十二月二十四日召開的『《金陵全書》編纂啓動工作會』爲標志，市委主要領導親自到會動員講話，市委宣傳部對《全書》的編纂出版工作作了明確部署。在廣泛徵求專家學者意見的基礎上，確定了《全書》的總體框架設計，確定了將《全書》列爲市委宣傳部每年要實施的重大文化工程，確定了主要參編責任單位和責任人，並分解了任務。第三個階段爲編纂出版階段，主要在全國範圍内進行資料的徵集、遴選和圖書的版式設計、複製、排版及印製工作。

爲了確保《全書》編纂出版工作的順利進行，中共南京市委、南京市人民政府成立了專門的編纂出版組織機構。其中編輯工作領導小組，由中共南京市委、市政府領導以及相關成員單位主要負責人組成；《全書》的編纂出版工作由市委宣傳部總牽頭；學術指導委員會，由蔣贊初、茅家琦、梁白泉等一批全國著名的專家學者組成，負責《全書》的學術審核和把關。

《全書》分爲方志、史料、檔案和文獻四大類。自二〇一〇年起，計劃每年出版四十册左右。鑒於《全書》的整理出版工作難度較大，周期較長，在具體操作中，我們採取了分工協作的方式。市委宣傳部和南京出版社負責《全書》的總體策劃，其中方志部分，主要由南京市地方志編纂委員會辦公室和南京出版傳媒集團·南京出版社共同承擔；史料和文獻部分，主要由南京圖書館承擔；檔案部分，主要由南京市檔案局（館）承擔。《全書》的編輯出版，得到了江蘇省文化廳、江蘇省新聞出版局、江蘇省檔案局（館）、南京大學、南京圖書館、南京市文廣新局、南京市社科聯（社科院）、南京市文聯、金陵圖書館以及各區委宣傳部和地方志辦公室等單位及社會各界的熱情鼓勵和大力支持，尤其是得到了中國國家圖書館和全國各地（包括港臺地區）高等院校、科研院所、圖書館、檔案館、博物館等藏書單位的鼎力相助，在此表示深深的謝意！

我們相信，在中共南京市委、南京市人民政府的長期不懈支持下，在各部門、各單位的積極配合和衆多專家學者的共同努力下，這項功在當代、利在千秋的傳世工程一定能夠圓滿完成。

《金陵全書》編輯出版委員會

凡例

一、《金陵全書》（以下簡稱《全書》）收録的南京文獻，分爲方志、史料、檔案和文獻四大類。

二、《全書》按上述四大類分爲甲、乙、丙、丁四編，以不同的封面顔色加以區分；每編酌分細類，原則上以成書時代爲序分爲若幹册，依次編列序號。

三、《全書》收録南京文獻的地域範圍，包括了清代江寧府所轄上元、江寧、句容、溧水、高淳、江浦、六合。

四、《全書》收録的南京文獻，其成書年代的下限爲一九四九年。

五、《全書》收録方志、史料和文獻，盡量選用善本爲底本。《全書》收録的檔案以學術價值和實用價值較高爲原則，一般選用延續時間較長、相對比較完整的檔案全宗。

六、《全書》收録的南京文獻底本如有殘缺、漫漶不清等情況，必要時予以配補、抽換或修描，以保證全書完整清晰；稿本、鈔本、批校本的修改、批注文字等均保留原貌。

七、《全書》收録的南京文獻，每種均撰寫提要，置於該文獻前，以便讀者了解其作者生平、主要内容、學術文化價值、編纂過程、版本源流、底本採用等情況。

八、《全書》所收文獻篇幅較大時，分爲序號相連的若幹册；篇幅較小的文獻，則將數種合編爲一册。

九、《全書》統一版式設計，大部分文獻原大影印；對於少數原版面過大或過小的文獻，適當進行縮小或放大處理，並加以説明。

十、《全書》各册除保留文獻原有頁碼外，均新編頁碼，每册頁碼自爲起訖。

提要

《胡忠簡公經解》，宋胡銓撰。

胡銓（一一〇二—一一八〇），字邦衡，號澹庵，廬陵薌城（今江西省吉安市青原區值夏鎮）人。據周必大撰寫的胡銓神道碑銘和楊萬里撰寫的胡銓行狀記載，『胡氏本金陵人，五季徙廬陵』，『其先金陵人，五季避地廬陵』。胡銓爲南宋名臣、文學家，與李綱、趙鼎、李光并稱『南宋四大名臣』。

建炎二年（一一二八），宋高宗策士於淮海，胡銓上策論萬餘言，高宗見而异之，將把胡銓列爲第一名，然而，時有朝臣忌其直者，建議將他移置第五名。初授撫州軍事判官，未上任，恰遇隆祐太后避兵贛州，金人一路追趕，胡銓以漕檄攝本州島幕募鄉丁助官軍捍禦，第賞轉承直郎，丁父憂，從鄉先生蕭楚學《春秋》。紹興八年（一一三八），面對金國的威逼，秦檜等人主張議和，胡銓則抗疏乞斬秦檜、孫近、王倫等，聲振朝野，同時他也遭受到秦檜等人的迫害，被逐出朝廷，外任昭州知州、知吉陽軍。秦檜死後，胡銓出任衡州知州。宋孝宗即位，知饒州。歷任國史院編修官、兵部侍郎等，後以資政殿學士致仕。胡銓曾力主移都金陵，并對宋孝宗説『陛下嘗欲移蹕金陵，何爲中輟？』淳熙七年（一一八〇），胡銓去世，追贈通議大夫，謚號『忠簡』。著有《澹庵集》《胡忠簡公經解》《春秋集善》《禮記解》《經筵二禮講義》《活國本草》《奏議》《學禮編》等。

《胡忠簡公經解》主要收集了胡銓關於《春秋》《周禮》《禮記》三部經典著作的解讀及評語，這些解讀既體現了胡銓對經典著作的學術傳承，又表現出胡氏學經典，用經典，踐行經典的精神。正如清代朱文藻在《春秋解跋》中所言：『胡某自少……日從鄉人蕭楚學《春秋》，歷考前代治亂，多識前言往行試而用之，必有可觀……其後罷官，竄嶺表，險阻艱難，而蕭氏之書未嘗一日去手，朝夕肄業，所得綴集成《易》《禮記》《春秋》傳……先生一生學問，全得蕭氏之傳，而蕭氏一生學問，又全得之《春秋》，愈見先生之得力於《春秋》也。』『蓋先生抗疏論和議之非，而謂中原可復，忠言讜論，取忌時宰，雖遭流竄，恬然不以介意，其即得力於《春秋》之驗而以是書之詞胳合。』

在本書的序中，汪日章和童作棟分别對胡銓的經學的學術價值與其思想的關繫作出評論：『宋儒胡忠簡公澹庵先生以春秋登高第，其謫海南罹憂患，以説經自娱於春秋、二禮、易、詩，皆有解説，而一以春秋貫之，蓋其得之於春秋者深也，此所謂由博而返約也。』『先生以麟經成進士，當宋之南，痛權奸之誤主，傷國土之日蹙，義形於色，奮不顧身，則深於春秋也，其立朝經緯制度準酌古今，則深於禮者也。』

《胡忠簡公經解》卷首載《廬陵胡忠簡公經解序》，共收入平聖臺、汪日章、俞廷掄、董作棟四篇序，這四篇序對《胡忠簡公經解》的編纂，從不同的角度作了闡述和説明。次爲《胡忠簡公經解》總目。正文首爲《春秋解》，列卷首一卷、解十五卷；次爲《周禮解》，列六卷；再次爲《禮記解》，列十四卷。

有關本書的成書過程，汪日章在其序中言：『餘杭尉胡君炎亭，乃忠簡公裔孫，其尊人築夫先生就養官舍，惟日留意於祖集之不得傳者，孜孜不倦，往來省會，獲交朗齋，屬其蒐采。於是，從散帙中，輒爲輯録，積而成編，凡《春秋》《周禮》《禮記》及文集《補遺》《附録》，得如幹卷……』俞廷掄在《胡忠簡公經解序》中說：『朗齋於經學尤留意，今忠簡公所著《春秋》《周禮》《禮記》諸解，及文集《補遺》《附録》，皆從群籍中所征引，與夫書船、書肆所抄撮，積久成編，則朗齋之功多焉。編排成帙，因以授之封翁，亟付諸梓工。……及余從事於四庫館校勘之役，所見者衹《文集》六卷，是後人掇拾本，此外無他書。今逾數年，而是編出，雖其所采，源出諸書，所引尚非忠簡全書，而吉光片羽，積久而成四十餘卷之多，不可謂非購訪之苦心矣。』

《胡忠簡公經解》，自清乾隆五十二年（一七八七）餘杭官署刊行後，似乎流傳不廣，遠不及《澹庵集》影響大。此本今南京圖書館、北京大學圖書館、清華大學圖書館、天津圖書館、湖北省圖書館等均有收藏。

《金陵全書》收録的《胡忠簡公經解》以南京圖書館藏清乾隆五十二年（一七八七）餘杭官署刻本爲底本影印出版，原書横長九十八毫米，縱高一三二毫米，現擴爲横長一三三毫米，縱高一八〇毫米。原書附録的《文集補遺》三卷、《文集附録》三卷移至《胡澹庵先生文集》書末。

夏漢寧

宋廬陵胡忠簡公著

經解

附文集補遺
文集附録

餘杭官署開雕
院背公堂藏板

廬陵胡忠簡公經解序

乾隆二十九年春聖臺權守江西吉安府下車之日首謁廬陵四忠祠訪其後裔惟胡忠簡澹菴先生雲礽繁衍俎豆不衰竊歎宋室儒臣挺生吉水自歐陽發軔于先文山徇國于後其攀檻請劍號呌于九閽轉徙于瘴海者惟澹菴先生鐵石肝腸所遭彌苦差幸晚侍經筵君臣之際克保其終較陳剛中諸公所不及也惜其著述之富劾檜一疏外俱已無傳我

皇上成功文章巍煥穹壤

詔開四庫館搜訪羣籍臨安藏弆之家連轎結軌昇
至
闕下者數百萬卷而天下遺逸之書盡出矣顧
文淵閣編輯澹菴文集祇六卷館中從永樂大典蒐
討而得者僅蕭楚春秋辨疑四卷內有澹菴註數語
而已其所著經解如周益公楊誠齋碑狀中名目皆
邈無可見餘杭尉胡光烯先生之裔也其尊甫築夫
封翁嘗與宗人購得澹菴詩文鈔本三十二卷刻存
于家暨來就養時入會城訪求遺集得交知不足齋

之鮑君以文飽讀汪氏藏書之朱君朗齋二君爲之据拾考訂而春秋解十五卷禮記解十四卷周禮解六卷及儀禮一則文集補遺附錄各三卷乃得合爲一集雕版以行聖臺承乏敷文山長築夫以吾曾拜公祠知其家世手捧是編乞爲之序嗟乎澹菴先生所謂與日月爭光者也固不必以講學詁經爲先生增重獨是先生間關嶺海訓溥諸經較胡安定朱紫陽坐擁生徒難易倍蓰乃胡[illegible]朱註家弦戶誦先生之經解湮沒至今僅存什一[illegible]顯晦庸有數存而

築夫喬梓昆季能于通都大[illegible][illegible]採勤求以表章其先烈以文朗齋二君又能繼[illegible][illegible]暗記搜爬于蠹蝕之餘而彪炳于嫏嬛之室此則先生之精神卓然自持于天壤久而不敝鬱而必通者也其他著述又安知不乘時際會賡續而盡出于人間乎後生小子伏讀贊歎顧嘗與訓詁家物同日而語耶此爲序

賜進士第

誥封中憲大夫翰林院侍講學士前翰林院庶吉士

江西臨川縣知縣護理吉安府知府山陰平聖臺盥

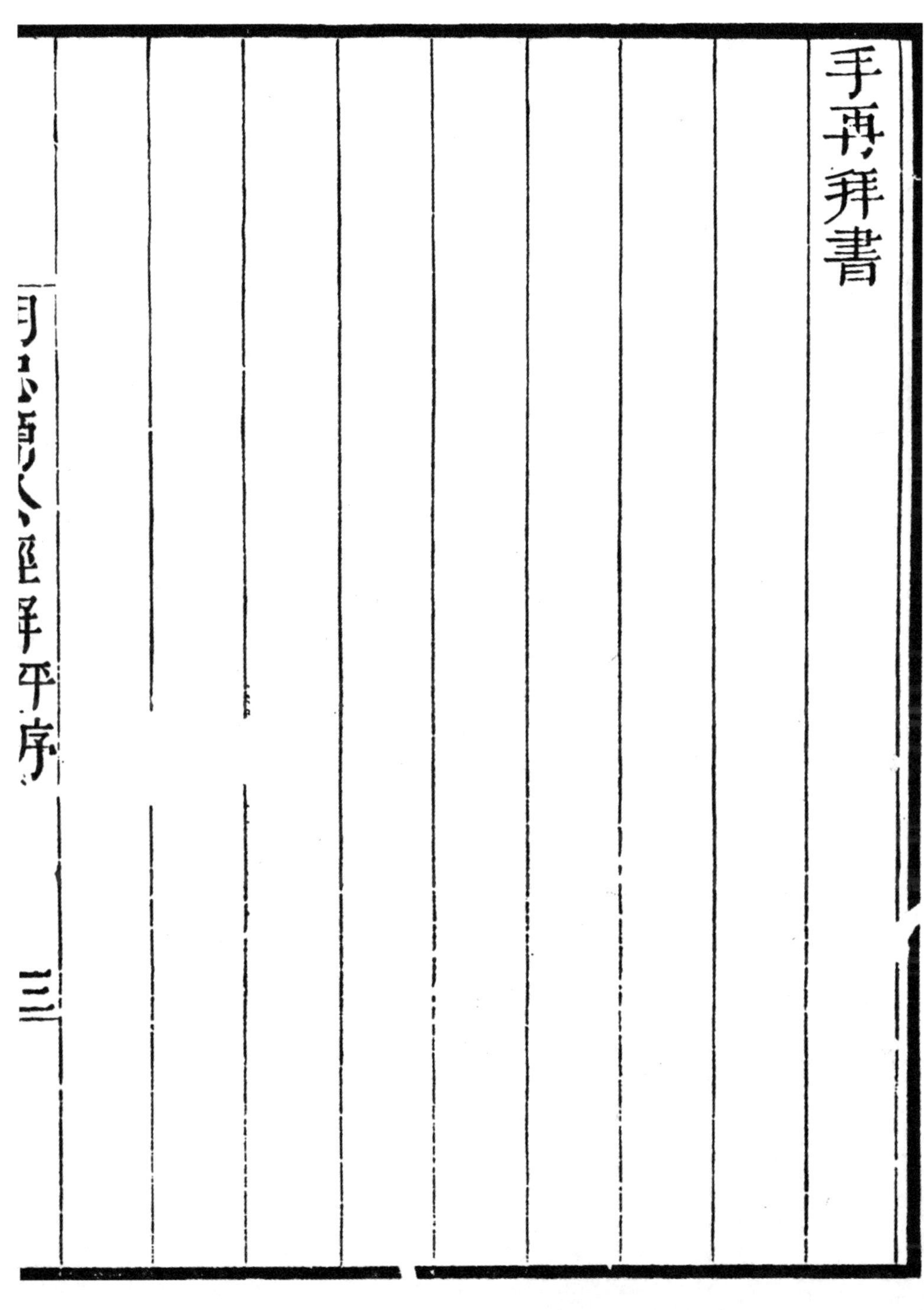

手再拜書

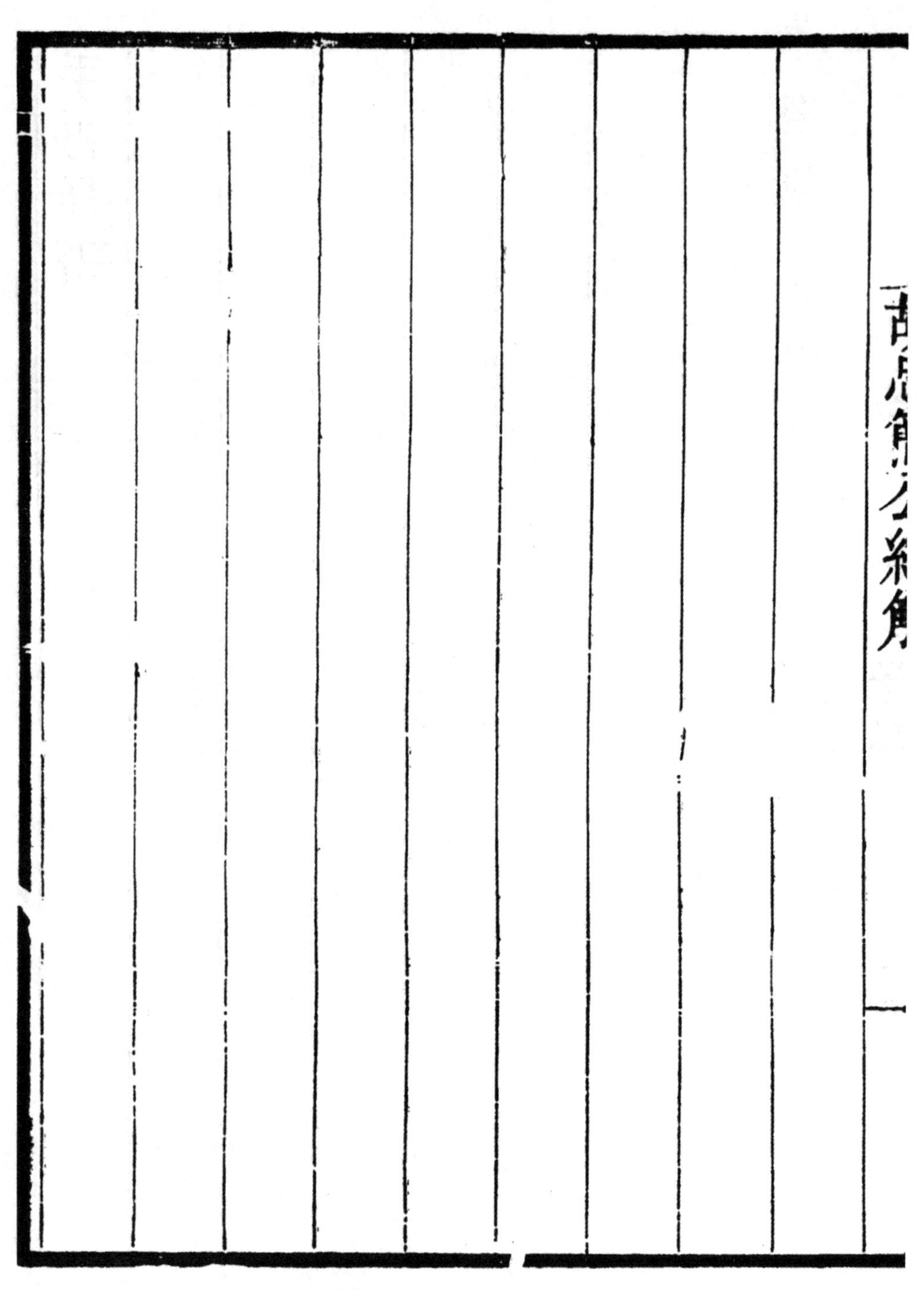

序

君子學欲其博博則采羣籍而擷其華學欲其專專則綜衆說而歸于一博而不專則有泛濫之敝專而不博則有墨守之譏漢儒治經無不兼通六藝及其研窮皓首則又要于一經以成專門名家之學率是道也宋儒胡忠簡公澹菴先生以春秋登高第其謫海南罹憂患以說經自娛于春秋二禮易詩皆有解說而一以春秋貫之蓋其得[illegible]于春秋者深也此所謂由博而返約也吾友朱君[illegible]衛盛年時館於吾族

魚亭此部家者垂二十年一[illegible]京師旋歸家巷館于吾弟挹茲者迄今八年所至[illegible]處皆富于藏弆恣其博覽多所采輯而尤精于校讎遇古人書間有疑義輒詳加攷訂務析其疑而後快故剞劂氏流通之書有經其校正者魯魚亥豕之訛葢亦鮮矣余久官京師偶以公事南旋與朗齋相見叩其平生之學猶以博而不專爲憾此固朗齋之謙詞亦由所見古人述作旣多而後能自驗以得其歉然之境信哉學然後知不足也餘杭尉胡君炎亭乃忠簡公裔孫其尊人

築夫先生就養官舍惟日留意于祖集之不傳者孜孜不倦往來省會獲交朗齋屬其蒐采於是從散帙中所見輒爲輯錄積而成編凡春秋周禮禮記及文集補遺附錄得如干卷付梓既竣朗齋郵書乞余一言以弁簡端夫忠簡公之忠貫日月學術文章昭垂史冊不待余言以綴惟是朗齋以力學之勤表章六百年之散佚俾賢子孫刊布流傳以慰其志可謂有功先儒而不負友朋之委託也不可默也爰詳述之以告後來

胡忠簡公經解

乾隆五十三年歲次戊申春三月穀旦

軍機處行走掌江南道監察御史錢塘汪日章謹序

胡忠簡公經解序

廬陵胡炎亭先生有宋忠簡公之裔也作尉吾邑逾十年矣奉其尊人築夫封翁潔白華之養官卑祿薄不以介意而惟以忠簡公之遺書尚多散佚蒐羅裒輯無一日去諸懷封翁愛西湖山水之勝常往來省會因是獲交於鮑以文牽連及朱朗齋以文多蓄書與吳興書賈書船相周旋而朗齋則寢處於諸藏書家最久耳目所及多人間未見之書凡以文所得朗齋無不得焉朗齋於經學尤留意今忠簡公所著春

秋周禮禮記諸解及文集補遺附錄皆從羣籍中所徵引與夫書船書肆所抄撮積久成編則朗齋之功多焉編排成帙因以授之封翁亟付諸梓工既竣封翁郵書乞序於余憶余自庚子初入詞垣是冬假旋與炎亭先生相見即以祠中所刊澹菴文集三十二卷見示裒輯已不爲不廣既余入都更乞訪求文淵閣中所著錄者遇有忠簡遺書見輒錄寄以補未備及余從事於四庫館校勘之役所見者祇文集六卷是後人掇拾

本此外無他書今逾數年而是編出雖其所采源出諸書所引尚非忠簡全書而吉光片羽積久而成四十餘卷之多不可謂非購訪之苦心矣春秋禮記二經向來操觚之士傳習未廣今奉

天子明詔鄉會五科以後士子通作五經文自是海內儒生厎於經學益稱淹貫是編於二經解說加詳胡傳陳說之外可備一解則其有功於經生豈淺尠哉朗齋與余同遊今相國韓城夫子之門蒐采之勤目所親見手錄之本盈箱滿篋是編之出特其一斑

而獨是炎亭先生於職守公冗之餘懃懃懇懇以補遺祖集爲急務求之官常不可多見吾邑自先生蒞任戢暴安良士民寧謐外戶不閉足徵先生學優從政之實效抑亦秉於封翁之訓廸者深而豈知忠簡公之忠誠義憤當世未竟其用留貽於六百餘載以後其照耀日月而常新者有如是哉不禁感奮激昂而爲之序

乾隆戊申春仲

賜進士出身翰林院編修禹航俞廷掄謹譔

廬陵胡氏家刻忠簡公經解序

有宋廬陵忠簡胡先生高宗朝憤和議抗疏請誅檜直聲震天下蹶而起以功名終志節文章之盛七百年來赫赫照人耳目也往者讀先生之疏而慕焉恨其他文不得見既而先生之裔孫炎亭少府君來尉吾邑以家刻先生文集見貽因益窺先生政學之大凡非佔畢小儒弋科逢世之具而少府君之尊人築夫封翁以先生著有經解數十卷未能專梓行世耿耿然爲述祖之缺事仁和朱君朗齋與封翁遊吾黨

所推爲經笥者也出先生所解諸經於諸家經說中裒之可若干卷以貽封翁獲之而喜竝取前文集所逸詩文碑狀如干首亟謀剞劂以傳諸後嗟乎先生以麟經成進士當宋之南痛權奸之誤主傷國土之日蹙義形於色奮不顧身則深於春秋也其立朝經緯制度準酌古今則深於禮者也先生之說經或不止於是而先生之行之合於經已至於是讀先生之書志先生之人庸詎爲佔畢小儒弋科逢世之筌蹄乎哉今

胡忠簡公經解

天子崇尚風義表章絕學先生之集
欽取於四庫書中又得賢裔鋟是書以傳世而行遠
則先生之學宜久而益光也夫少府君之尊人名汝
霖君名光烯皆以學承其先而纛於後者也於是乎
謹而書之
乾隆五十二年歲在丁未嘉平下浣
賜進士出身直隸天津府慶雲縣知縣餘杭後學董
作棟序

胡忠簡公經解總目

春秋解
卷首一卷
解十五卷
周禮解
六卷
禮記解
十四卷
附

胡忠簡公經解總目 一

文集補遺三卷

文集附錄三卷

春秋解

春秋解目錄

卷首

御製題春秋辨疑

春秋辨疑提要

欽定四庫全書簡明目錄一則

春秋辨疑附註

卷一

隱公十八則

卷二

隱公十二則

桓公十七則

卷三　桓公十六則
莊公十四則
卷四　莊公二十四則
閔公四則
卷五　僖公二十四則
卷六　僖公三十三則
卷七　文公二十三則
卷八　文公三十則
卷九　宣公二十九則

卷十　成公　三十二則
卷十一　襄公　四十五則
卷十二　昭公十八則
卷十三　昭公　三十三則
卷十四　定公　二十三則
卷十五　哀公　二十則

春秋解目錄

春秋解目錄終

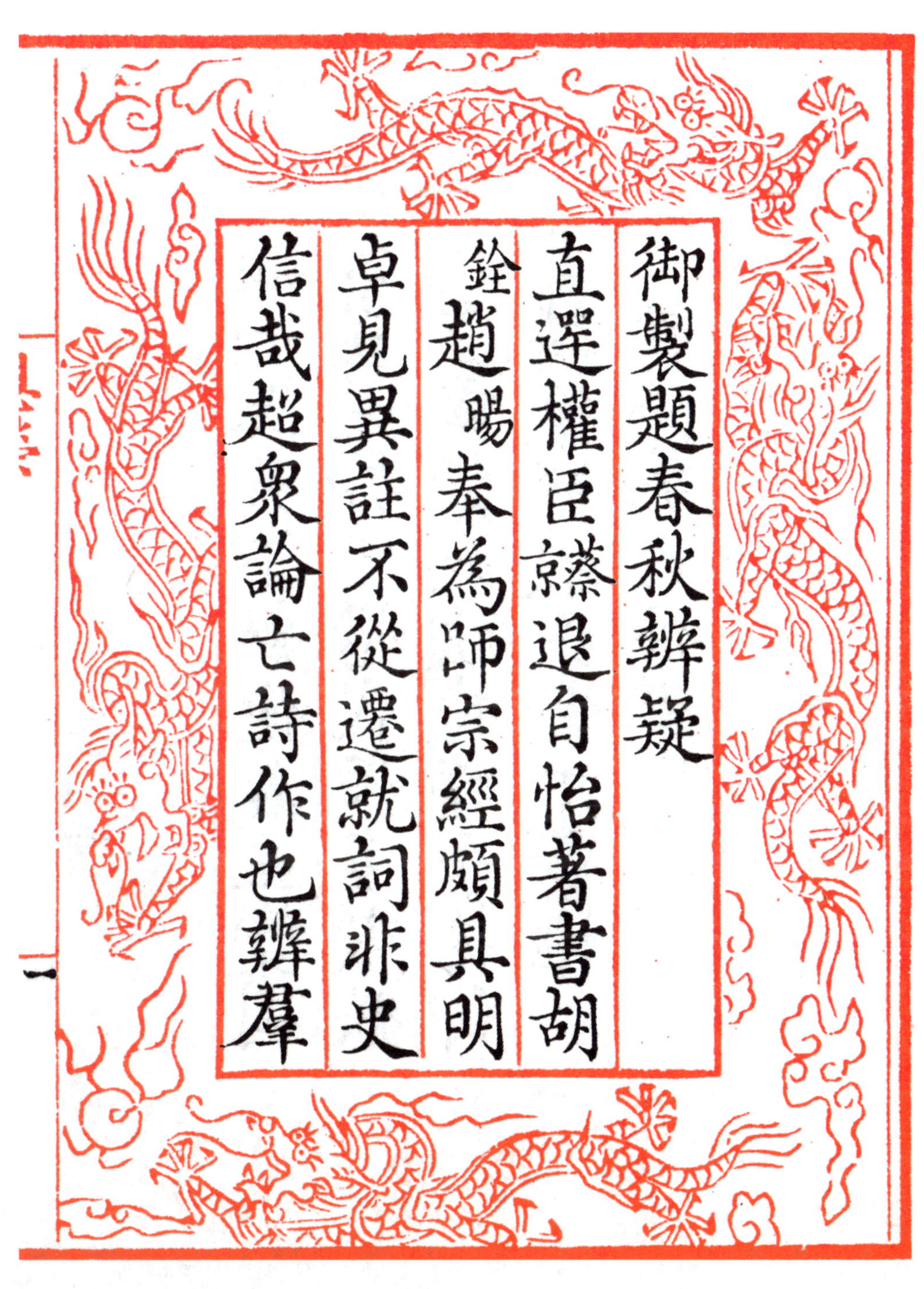
御製題春秋辨疑
直遲權臣蔡京退自怡著書胡
銓趙暘奉為師宗經頗具明
卓見異註不從遷就詞非史
信哉超衆論亡詩作也辨羣

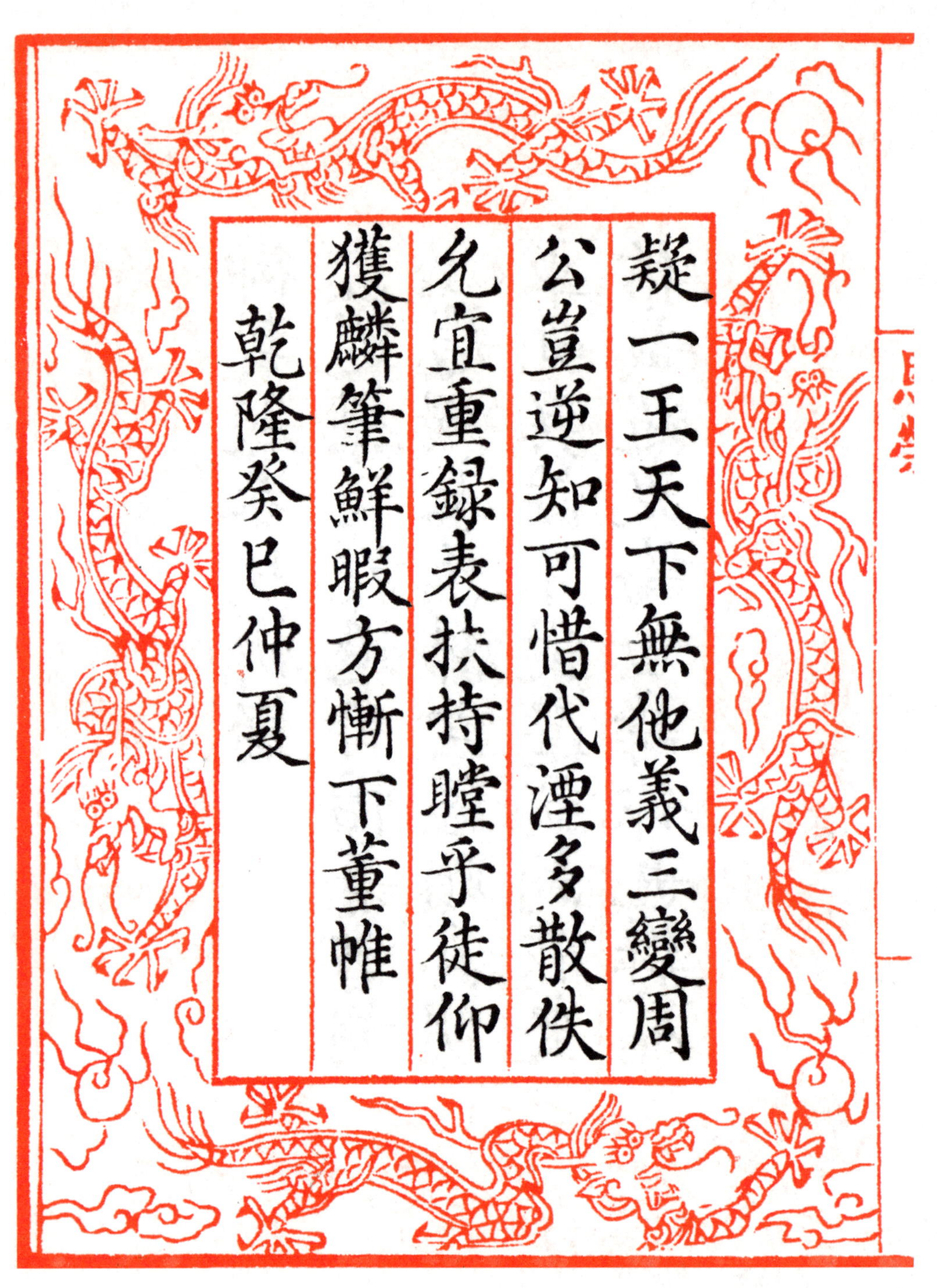

疑一王天下無他義三變周
公豈逆知可惜代湮多散佚
允宜重録表扶持瞠乎徒仰
獲麟筆鮮暇方慚下董帷
乾隆癸巳仲夏

春秋辨疑提要

臣等謹案春秋辨疑宋蕭楚撰楚字子荊陳振孫書錄解題作廬陵人今江西志作泰和人紹聖中游太學貢禮部不第于時蔡京方專國楚憤詆之遂退而著書明春秋之學趙暘馮澥胡銓皆師之宋史載其春秋經辨十卷世無傳本故朱彝尊經義考謂其已佚僅摭胡銓集序存之此本所載胡銓序與經義考合惟題曰春秋辨疑爲小異或後來更定史弗及詳未可知也

江西志及萬姓統譜皆云四十九篇今止四十五篇蓋有佚脫宋志云十卷今止三卷則明人編輯所合併也書之大旨主于宗經而不肎如注疏之遷就傳文如譏杜預之信野史而疑尚書從公穀之論輸平而駁左氏辨地不繫國以明統制必歸于王辨伐沈救鄭以明威福不可移于下皆持論正大有足取者註皆楚自作間有胡銓及他弟子所附入謹以原註原附註及胡銓附註别題之而以今所校正各附于下庶

文不相淆云乾隆三十八年四月恭校上

總纂官編修臣紀　昀

郎中臣陸錫熊

纂修官修撰臣陳初哲

欽定四庫全書簡明目錄

經部春秋類

春秋辨疑四卷

宋蕭楚撰其門人胡銓等附註原本久佚今從

永樂大典錄出其大旨在於尊王葢爲蔡京盜

竊威福而發然春秋本義實不過如斯

春秋辨疑附註

宋泰和蕭楚撰　　門人胡　銓附註

夫人書至辨

啖子曰凡夫人初至者皆書告于廟也出姜不書至貶成禮于齊也孟子不書至恥娶同姓諱之也襄定哀三公不逆夫人故闕而不書其說非也案春秋書夫人至者三文姜穆姜齊姜也書夫人入者一哀姜是也文姜書至自齊譏其專恣桓公不能制也時齊侯送姜氏于讙公會齊侯于讙則夫人已見公而猶

獨書至見夫人不隨公而歸專恣可知矣言自齊者不予齊侯送于讙也諸侯送女非禮況其妹乎齊子歸止其從如水言魯桓之從文姜不如敝笱猶能制魚也則春秋之譏明矣穆姜至書公子遂以者見宣公不親逆也齊姜至書叔孫僑如以者見成公不親逆也言以不當以也夫人國君之配將以承宗廟治內政可不敬乎哀姜書入者譏莊公娶讎人之子薦獻于先君不惟忘孝抑非所以安神靈故曰入穀梁曰入內不受言不當受也凡此皆失禮非正者如以

告廟爲是則此皆非正也若曰因其告廟故得書之以見其不正焉則夫人至禮無不告豈襄定哀三夫人皆不告廟謂三公不逆夫人則將娶于何也殊不知春秋之未作夫人內女事史悉誌之而自先王政絕男女不正夫婦道弊人倫日亂馴致大壞皆原于禮防之隳廢故仲尼作春秋于昏姻夫婦之際去其與常禮合而一一紀其失禮者示後世所以致亂之由俾知謹禮峻防正家之道也其所書不繫告廟與否皆有旨也襄定哀之夫人不書者合常禮故也嗚

呼男女夫婦人倫之本風化之始也正其本然後可以正其末況本不正也歟正其始然後可以正其終況始之不正歟

銓案桓三年乃齊僖公送女十四年僖公方卒而襄公方即位此云送妹非也附註在諸侯送女非禮況其妹乎句下

謹案

欽定四庫全書提要春秋辨疑宋蕭楚撰註皆楚自作間有胡銓及他弟子所附入以原註原附註及胡銓附註別題之檢卷中惟夫人書至辨一篇有別題明銓附註銓案云云一條其他皆題原註非澹菴先生註也春秋辨疑宋史作春秋經辨卽先生文集所撰序亦題春秋經辨永樂大典載其書作春秋辨疑自當以書爲據周必大撰先生神道碑稱先生

丁父憂服除與兄鏄從鄉先生蕭楚講春秋學無仕進意事在紹興五年以前先生年三十時也迨七年六月先生應詔進詞業即日除樞密院編修官蕭氏沒已數年其學始大行於世語得之先生所作春秋經辨序葢先生惓惓於蕭氏之學守其師説也深矣宋史本傳不言兄鏄亦從學神道碑本之楊萬里所撰行實宜其詳也蕭氏之書久無傳本恭遇

聖朝經籍光昭發
祕府儲藏詳加蒐采而永樂大典甄錄之本得以
流播人間先生附註姓名仰邀
睿製光賁泉壤千載儒臣稽古之榮先生深得蕭
氏之傳則其註蕭氏之書或尚不止此一則
旣經大典併省十卷爲四卷恐并註亦從刪
省而吉光片語後人得之不啻寶若球琳謹
從
頒發聚珍板本所刊春秋辨疑中之有先生附註

者錄文一篇繫之以註恭載

御製詩及提要簡明目錄冠之簡端合爲一卷爲

春秋解之卷首以志榮幸云

乾隆五十二年孟冬月朔朱文藻謹識

春秋解卷一

仁和後學朱文藻輯錄

宋廬陵胡銓澹菴著

廷棟　一堅　廷幹　鎮南　光燕
鼎顯　盛海　盛槐　盛桋　光簪
嗣裔　昶　宮梅　盛謙　盛梅　光烈編次
鼎霈　應鈞　盛本　盛祿　光烯
汝霖　學山　毓秀　光薰　光誼

總論

孟子曰王者之迹熄而詩亡詩亡然後春秋作蓋

古之王者左史記言右史記動既可使一言一動皆爲世作儀法而又使諸侯之國皆有史官以紀國事如晉之乘楚之檮杌魯之春秋皆是也人君欲有所爲懼史且書之後世從而譏之則不敢有所恣又民冬月聚處婦人同巷相從夜績男女相與各言其傷及春羣居者將散太史採風於民間上之太師王者巡狩命太師陳詩以觀民風太師乃比之音律以奏於天子則凡一時風俗之善敗朝野之是非皆形美刺天子因是而爲賞罰四方

因是以爲褒貶詩之與史又相爲表裏以正人心而警亂賊者也自世之衰也如齊太史書崔杼弑其君而一家之死者三人列國於是乎無信史王者巡狩之迹熄太師不復陳風列國於是乎無詩自株林以後無詩可考非無詩也閭巷之作不能自達於四方故詩遂亡爾如是則天子之亂臣賊子何所畏乎孔子於是删詩筆削魯史詩與史皆存於學士大夫之家藏於名山傳之其人通邑大都始不可禁禦而後亂臣賊子始有所畏故曰詩

亡然後春秋作又曰孔子成春秋而亂臣賊子懼蓋春秋作於獲麟之時是時變風皆亡爾先儒乃謂春秋作於平王四十九年爲雅亡則詩與史不復相關而夫子作春秋之義隱矣夫子刪詩存變風之義亦隱矣遂有詆淫風非刪詩之舊本者不益誤乎

隱公

春秋何以始於隱公也從東周之所始也東周始於平王何不始於平王元年此魯史也故始於隱

公元年隱公元年則平王之四十九年也蓋周之一代有三變焉西周之世君君臣臣春秋不必作也至戰國隘區河洛之間王室益卑侯皆僭王雖欲分冠履不可得也獨此二百四十二年之中君臣之實乖而猶存其名上下之辨微而當正其義聖人加筆削焉爲萬世之準繩不亦宜乎

元年

元者始大善也人君卽位之始貴乎大善故稱元年

春王正月

周人以子丑寅三月爲春子月爲正春秋因之上書隱公之元年故下書王之正月列國異元示各有其名列國同正示天無二日王通續春秋上書宋年號下書帝正月謬矣

諸侯無二適惠公欲立仲子非正也仲子非適則桓與隱均也而隱爲長國其所宜有也惠雖貴桓以長故立隱正也隱乃欲授桓以成父之過不書卽位隱不自以爲正也故不正其始以見不正其

終有所自也隱既不自以爲正則是內不承國於先君上不請命於天子如禮之所謂攝主耳其實仲子非適故春秋正其爲公也

三月公及邾儀父盟于蔑

盟者刑牲左耳盛以珠盤叉取血盛以玉敦主盟者執牛耳用血爲盟書書成乃歃血歃血者各以血塗口讀書掘坎埋牲加載書而埋之使背盟者如此牛也周禮有司盟疑周末所增非文武成康之舊盟者薄俗也元年公及邾儀父盟於蔑七年

公伐邾及之自我伐之自我受盟之禍必矣

夏五月鄭伯克段于鄢

不言出奔出奔其輕也經書君弟出奔惡其失親親也此克之矣出奔其輕也

秋七月天王使宰咺來歸惠公仲子之賵

惠公仲子之賵賵惠公而及其妾也觀周之來賵知惠公以手文之故重立夫人隱公不自以爲正而欲立桓左傳之說無疑矣不然仲子非隱母桓又未立周王安肯來賵

冬十有二月祭伯來

來朝不曰朝何也天子寰內諸侯下朝諸侯是二天子也外諸侯相朝可也諸侯入天子之境不得私朝公卿公卿出天子之境亦不私朝侯伯

公子益師卒

世儒以爲皆疑誤而難通孰謂春秋必以日月爲褒貶愚以爲諸儒必求其說葢不知夫子吾猶及史闕文之故

二年

春

春秋首時過雖無事必書而有不書正者舊史失其月也如下文會潛舊史不載月若上書正月則疑會潛爲正月之事也故不書正穀梁以爲十年無正隱不自正也元年有正所以正隱也夫王正天下之公也隱之正與不正一國之事也以一諸侯之故廢王正果春秋之法乎況各公多有有春而無王正者乎

公會戎于潛

先王不使戎與朝會朝于明堂則坐之門外以不知禮義故外之

秋八月庚辰公及戎盟于唐

桓二年亦盟于唐則不日隱六年公會齊侯盟于艾亦日此等恐不可考不必深求矣

十有二月乙卯夫人子氏薨

周道合葬故夫人先卒則不書葬

三年

春王二月己巳日有食之

日月水火也其交也宜相遠不宜相近故易曰水火相逮又曰不相射相逮者東西同道也不相射者南北不同道也相近則水必侵火陰必侵陽小人必傷君子妾婦必乘其夫此陰陽交而相害也故君子于日食之辰必防交害至月食則必在望凡月之遠日至望而極無不受日光之照者益其行常避日道而出其左右故地不足以閒之唯陰不避陽而與日道對行則閒于地而反失其明此月不望日陰陽不交之害也其畸必有臣背其君

妾婦背其夫小人背君子者故日食脩德所以養陽也月食脩刑所以制陰也天垂象見吉凶聖人象之

夏四月辛卯尹氏卒

世卿之譏當在尹氏立子朝內凡稱卒者必有其人豈有書氏不書名之理故知公穀非是

秋武氏子來求賻

曰武氏子譏世官而使幼也

八月庚辰宋公和卒

天子曰崩諸侯曰薨大夫曰卒周之制也然諸侯之史自稱其君則曰薨外諸侯則書卒臣與不臣之辨也或日或不日何也或舊史失之或傳錄失之

癸未葬宋穆公

葬而或日或不日或舊史失之

春秋解卷一終

春秋解卷二

仁和後學朱文藻輯錄

宋廬陵胡銓澹菴著

汝霖　隆造　盛謀　光熊　光廷
廷棟　禮宗　盛誨　盛柯　光烯
嗣裔　昶　宮梅　盛沙　鎮南　光烈編次
鼎霈　學山　盛椿　光笏
一堅　盛梧　盛檍　鏡川　光筍

隱公四年

戊申衛州吁弑其君完

不稱公子賊也

會宋公陳侯蔡人衛人伐鄭

春衛弑其君夏公及宋公遇宋與陳蔡衛伐鄭公不與焉知黨惡之罪自宋非自魯也秋四國復伐鄭而翬固請往會足以見公之無斷矣

冬十有二月衛人立晉

若立君則有卿士大夫與守龜在又當詢于外朝與庶民共之然後告于天子見於宗廟或立嫡長或立賢若是其慎也奈何若晉者而立之乎書曰

衛人立晉立無道之君亦自害爾矣不書公子見非當立

五年

夏四月葬衛桓公

石碏討州吁立宣公而後葬故緩此本魯史故稱公外臣之詞也若周史則稱侯矣

六年

春鄭人來輸平

書來鄭所欲也稱人何貶也何貶乎以前則欲離

魯于宋以後則遂以祊易許惟利而已矣

夏五月辛酉公會齊侯盟于艾

或言盟唐書日謹之也盟艾何謹乎凡此類或日或不日或舊史失之聖人亦不得而增原繫日者聖人亦不之削不必爲之鑿說矣

秋七月

有時書時紀事不書月舊史失之也

七年

春王三月叔姬歸于紀

在禮夫人之歸姪娣之不及年者皆與俱歸復還待年于國長而後往今伯姬以二年歸叔姬以七年歸非禮也

齊侯使其弟年來聘

兄弟先公之子不稱公子稱弟何也稱弟則公子見稱公子則弟不見年其名也諸侯之弟書名與其大夫同

十年

辛未取郜辛巳取防

據傳此伐宋王命也據經則未見爲王命也何也伐宋者齊侯鄭伯也而稱人貶也書敗詐也書取利也詐戰取邑曷不隱國惡乎曰地歸于我必有所受郜防非所受於先王也今在版籍焉得隱之

宋人蔡人衛人伐戴鄭伯伐取之

交怨之師皆譏之

十有一年

冬十有一月壬辰公薨

隱公之弑不書地公穀皆曰不忍言也得聖人之

必矣

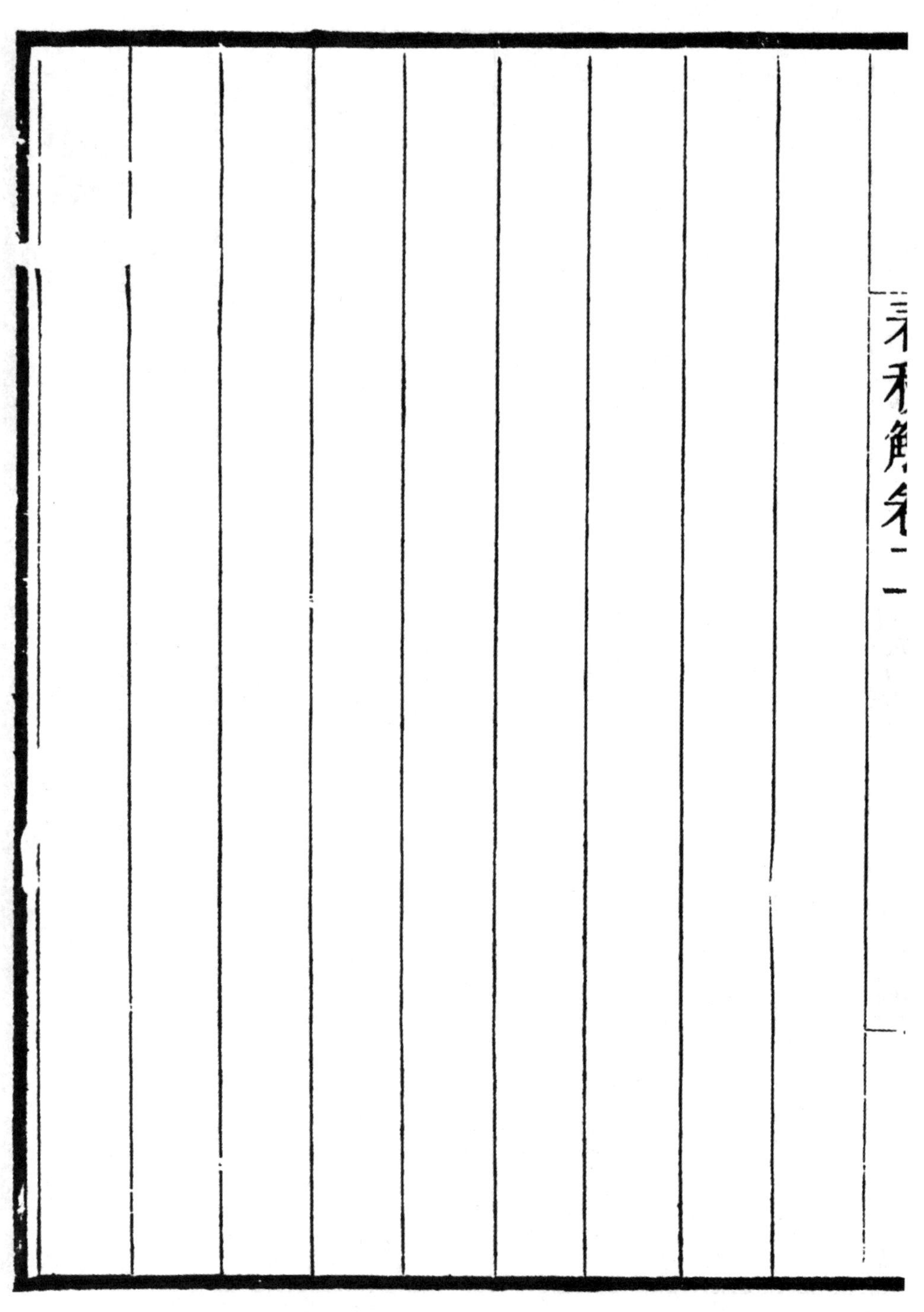

桓公元年

秋大水

大水者陰淫也陰陽妄交而人心之淫氣干天地之正氣也大旱者陽亢也陰陽不交而人心之亢氣害天地之和氣也故水曰淫雨旱曰亢旱淫則敗稼亢則殺稼天下之惡莫大于淫殺治淫雨奈何曰君子齊戒辨內外別男女助火德治旱奈何曰君子達民情止鬬爭通昏姻恤鰥寡

二年

春王正月戊申宋督弑其君與夷及其大夫孔父

桓無王而元年有王有望于天討之行也桓無王而二年有王以是年正月宋督又弑其君又有望于天討之行也至三年天討不舉而無望于王矣以經則先弑君而及孔父以傳則先孔父而及其君要之與君同難孔父之與仇牧一也或曰父者字也則不然死生之際未有不名者也諸侯卒而書名況大夫乎

滕子來朝

按隱公末年滕稱侯爵距此三歲爾乃降而稱子者先儒謂爲時王所黜也葢鄰有弑逆不能討而往朝之此直其事而罪已見矣

三月公會齊侯陳侯鄭伯于稷以成宋亂

據左氏凡成皆卽平也經不曰平而曰成是不以爲平而以爲成其亂也

九月入杞

左氏七月杞侯來朝九月入杞討不敬也葢不知杞爲紀之誤

冬。公至自唐

左傳公至自唐告于廟也凡公行告于宗廟反行飲至舍爵策勲焉禮也有時而不至者不告廟飲至也

三年

春正月

十二公之春多有不書王者以不書月故也亦有書春王二月春王三月者獨桓公惟元年二年十年書春王正月餘止書春正月故穀梁子以爲桓

無王

公子翬如齊逆女

公子翬桓所倚以弑君者也而即使以逆弑已之女又日有食之既而即于是月逆女卒以得姜氏淫弑之禍天人之應皆昭昭矣

公會齊侯于讙

公果親迎自當書逆女必不曰會齊侯也此直曰會見公因會齊侯而受姜氏耳

夫人姜氏至自齊

易曰漸女歸待男行也女歸必待男乃行夫人姜氏不與公俱至故先書公會齊侯于讙次書姜氏至自齊以見公會于讙本非親迎非易待男之義也

冬齊侯使其弟年來聘

以女與弒兄之賊可謂愛之乎

有年

有年爲百姓志喜也自賈逵以爲志異而後儒因之其君是惡其民何罪是說也吾不忍聞

四年

夏天王使宰渠伯糾來聘

渠伯如召伯凡伯單伯之類渠采地非氏也

六年

春正月寔來

淳于公亡國似杞并之遷都淳于僖公十四年又遷緣陵襄二十九年晉人城杞之淳于杞又遷于

淳于

秋八月壬午大閲

大閱當以中冬今于未月畏齊鄭而始閱則不豫也

九月丁卯子同生

子同生辨微也文姜淫亂聞于天下後世或有疑莊公非周公之胄矣然三年夫人姜氏至自齊六年九月子同生十八年桓公乃與夫人如齊此明微也若以爲嫡長必書則他公無書者矣

七年

夏穀伯綏來朝鄧侯吾離來朝

朝桓者滕子近而弱紀侯有難而求紓鷇鄧何求而朝弑君之賊乎賤之故名言其自賤爾矣

首時過則書今無秋冬二時何也脫簡也

春秋解卷二

春秋解卷二終

春秋解卷三　仁和後學朱文藻輯錄

宋廬陵胡銓澹菴著

廷棟　一堅　廷幹　鎮南　光燕
鼎顯　盛海　盛槐　盛[illegible]　光簪
嗣裔　昶　宮梅　盛謙　盛梅　光烈編次
鼎霈　應鈞　盛本　盛祿　光烯
汝霖　學山　毓秀　光薰　光誼

桓公八年

春正月己卯烝

按左傳始殺而嘗閉蟄而烝是用孟月周禮中冬敎大閱獻禽以享烝然是月又郊祭或曰天子用孟月諸侯用仲月則又不合周禮

祭公來遂逆王后于紀

不復反命而遂逆后譏其專也禮哀公問曰冕而親迎不已重乎孔子愀然作色而對曰合二姓之好以繼先聖之後以爲天地宗廟社稷主君何謂已重乎則是天子而親迎禮也然天子豈能越千里而遠迎使卿而迎之而已則迎之于郊館斯天

子親迎之禮耳先儒謂祭公來謀昏于魯因往逆后何以不稱使公羊子曰昏禮不稱主人夫就謀昏姻使大夫可也逆王后卿往逆禮也三公坐而論道非可使逆昏也昏禮受命以出卽逆于紀不宜先魯也然則使祭公非禮也先魯而後紀非禮也先儒又謂天子命祭公就魯共卜擇紀女中后使道逆之不復反命如是則天子之求后也輕祭公之逆后也專皆非禮也

十年

春王正月

書王冀望之詞也

十有一年

突歸于鄭

春秋紀事非魯者皆繫以國今不稱鄭突歸于鄭何也蒙上事也言歸則突固鄭之突也若小白入于齊言入則未知其爲齊之小白也故曰齊小白

鄭忽出奔衛

或謂忽以國氏正也然宋萬出奔陳莒展輿出奔

吳皆以國氏未見其爲止也後書鄭世子忽復歸于鄭則忽之爲正明矣

柔會宋公陳侯蔡叔盟于折

蔡叔稱字以其代蔡侯而來故不名尊之也

十有三年

無冰

冬陽不藏

夏五

甲戌己丑聖人之闕文也夏五則先儒之闕文而

非聖人之闕文也夏五在春之後秋之前疑當是夏五月而先儒失之不敢增耳不然聖人于舊史删者多矣奚憚二字哉凡春秋之闕文皆事之不可不存而又不可輕改者非此例也

鄭伯使其弟語來盟

鄭語大夫也春秋大夫名者多矣非貶也與齊年同例

十有五年

鄭世子忽復歸于鄭

忽之君鄭未踰年而出故稱世子

許叔入于許

不名而稱許叔見其宜有許因鄭亂而竊入非復國之正故不書歸書入

邾人牟人葛人來朝

杜註三人皆附庸之世子也故稱人微也按天王崩附庸之國不貴奔喪而相率朝弑君之賊故微之

十有六年

冬城向

前隱公時言向國也今魯未見取向何以城之疑別是一邑

十有一月衛侯朔出奔齊

朔名惡也以讒取國者朔也

十有七年

癸巳葬蔡桓侯

生有黜陟沒有謚王者柄此以別臣下賢不肖而使人有勸懲也晉侯仇卒于平王之時謚曰文侯

以謚加本爵足以知命于天子也是後周益衰没者不復請謚於王五等一稱公乃臣子之自謚

十有八年

冬十有二月己丑葬我君桓公

賊雖未討而子在内能謚其葬禮則書葬異于亂臣當國而不能葬者矣若曰不責踰國而討然則寢苫枕戈其可廢乎

春秋解卷三

莊公元年

春王正月

春秋不書卽位者四君隱莊閔僖是也隱之不卽位自以爲攝也莊閔僖君弑不忍卽位也君弑而書卽位者二桓宣是與乎弑也其餘文成襄昭定哀皆書卽位未見其爲世子之時皆朝周而誓于王也然則不書卽位謂上不請命者非矣然則不請可乎曰此直書而罪自見者也

二年

夏公子慶父帥師伐於餘丘

公穀於餘丘邾邑也杜註於餘丘國也按全經伐邑未有不繫國者此蓋附庸也杜註爲是

冬十有二月夫人姜氏會齊侯于禚

觀經書夫人孫于齊則姜氏殆不可以入宗廟絕不爲親禮也子思曰不爲伋也妻者是不爲白也母而先儒猶以失閑其母罪莊公舍其大而責其細何居

三年

秋紀季以酅入于齊

許叔紀季皆稱字免其罪也入者逆詞也在紀季爲非所欲在齊爲不可受

四年

紀侯大去其國

書大去猶言大歸往而不返也紀侯不名不言出奔予之也力不能敵君子不以所以養人者害人去之可也

五年

夏夫人姜氏如齊師

惡無恥也傳稱内大惡諱大惡孰有踰于此者而何不諱乎

六年

冬齊人來歸衛俘

諸侯逆王而納朔志乃在於衛俘蓋志於利則叛其君矣春秋書齊人歸俘以見諸侯之逆王命蓋本志於利也

七年

夏四月辛卯夜恆星不見夜中星隕如雨

左傳恆星不見夜明也恆星無不見之理今不見而隕者如雨此陽亢之氣上侵而如星之奔流者衆夜明如晝故恆星不見也

八年

冬十有一月癸未齊無知弑其君諸兒

不稱公孫賊也

公及齊大夫盟于蔇

或曰襄公既伏天誅而子糾固僖公之庶子也納

之疑無嫌曰雖非讎人之子是亦讎人之弟也爲子者何忍爲之圖國乎

九年

夏公伐齊納糾齊小白入于齊

齊不受子糾而公必納之故先書公伐齊見齊不受子糾也次書納糾見公黨讎之子也

八月庚申及齊師戰于乾時我師敗績

不言公及者蒙上公伐齊納糾之文也忘親釋怨輔弟逼兄喪師辱國莫甚是舉矣

冬浚洙

易曰王公設險以守其國孟子曰鑿斯城也鑿斯池也與民守之然則備齊而浚洙未爲過也書見勞民爲重事也

十有二年

冬十月宋萬出奔陳

書出奔陳著陳之保惡也陳已歸之宋矣曷爲不書以賂而歸之以婦人誘之非討賊也

春秋解卷三終

春秋解卷四

仁和後學朱文藻輯錄

宋廬陵胡銓澹菴著

汝霖　隆造　盛諫　光熊　光廷

廷棟　禮宗　盛誨　盛柯　光烨

嗣裔　昶　宮梅　盛沙　鎮南　光烈編次

鼎霈　學山　盛椿　光笏

一堅　盛梧　盛檍　鏡川　光筍

莊公十有三年

春齊侯宋人陳人蔡人邾人會于北杏

楚自十年以蔡侯獻舞歸不久卽復之矣故得與北杏之會

夏六月齊人滅遂

桓公欲示威于諸侯而始于遂

十有四年

夏單伯會伐宋

齊桓非天王命而專伐亦春秋之所惡也孟子曰天子討而不伐五伯摟諸侯以伐諸侯三王之罪人也

十有六年

冬十有二月會齊侯宋公陳侯衛侯鄭伯許男滑伯滕子同盟于幽

左穀不書公闕文也程子曰齊桓始霸魯首叛盟諱不稱公惡失信也以鄭詹自齊逃來故然詹之來齊人亦不責魯詹乃鄭之執政執而歸之以京師視齊亦恐非睦鄰之道魯之容詹未爲叛盟也僖元年八月公會齊侯宋公鄭伯曹伯邾人于檉九月公敗邾師于偃明係叛盟經不諱公知此從

公羊經爲是　于幽再書同盟此後桓之會皆不書同盟貫之盟會江黄非同也召陵之盟楚不得已來服非同也首止不敢同王世子諸侯自盟非同也甯毋鄭未服非同也洮尊伯乞盟非同也葵丘周公不與非同也牡丘次匡救徐不協非同也以齊桓之盟如此其他不盡書同者必有故也經于荆楚之盟無書同者則知凡書同者在中國也新城馬陵同外楚也虚朾謀救宋也戲及亳城北欲服鄭也皆同欲也若清丘斷道雖亦同欲然清

丘則罪晉之要人以盟而卽叛也斷道則罪諸侯之同謀伐齊以釋忿也蒲與平丘則晉懼諸侯之貳而要之同也柯陵雞澤又罪其以王臣同盟也蟲牢罪其不奔天王喪爲不臣也重丘罪其受崔杼賂而許之成與同情也戚罪其旣同曹伯盟而後執之也外此無書同者矣凡衆人同欲曰同同罪亦曰同

十有七年

春齊人執鄭詹

是時天下諸侯不朝多矣何以責鄭鄭畿內諸侯也自繻葛以後不敢復朝故齊桓責之

秋鄭詹自齊逃來

魯于是時受之乎執而歸之齊乎受而請免之可也齊不來責詹亦復歸當時情事不可考矣

十有八年

春王三月日有食之

穀梁曰不言日不言朔夜食也何以知其夜食曰王者朝日註云朝日而見日始出有虧傷之處未

之復也則知其食于夜其說似矣然今據歷法推之一年必有兩度交食而皆不書者以其夜食而中國不之見也何以獨書于此故杜預言不書日官失之

夏公追戎于濟西

按不覺其來是斥候之不謹必受其侵略已去而追失薄伐之道有墮伏之危

秋有蜮

蜮能含沙以射人影其人輒病國蓋有以陰計害

人者也

二十年

春王二月夫人姜氏如莒

按文姜是時蓋年幾六十矣淫姣之行老而彌甚

春秋詳書爲後世戒唐武后年且八十醜惡無恥

甚哉

夏齊大災

齊人師競已甚宜其災也

二十有二年

夏五月

誤文也

秋七月丙申及齊高傒盟于防

我所欲曰及凡專盟在境內皆不書公及大夫境內無專盟也杜氏謂高傒貴卿與魯之微者盟葢齊桓謙接諸侯以崇伯業夫以齊之貴大夫魯以微者接之恐未必然

冬公如齊納幣

諸侯非朝王逃職而擅越境以納幣無王甚矣不

止其喪昏娶讎也

二十有三年

祭叔來聘

私交也非王之所使故不言使罪可知矣

荆人來聘

莊二十三年荆之聘使始反魯僖十九年始與魯盟于齊二十一年來獻捷駸駸乎漸逼矣猶不知戒公子遂如楚乞師以楚師伐齊爲楚戍衞使無晉之繼霸何待蜀之盟而南面屈節也哉

十有二月甲寅公會齊侯盟于扈

遇穀盟扈皆爲結婣也前儒謂莊公至是三十有六歲制于母而不得娶則恐未然葢文姜雖淫未必禁莊公之娶而莊公卽位之始齊女恐未生雖文姜亦無緣使之待年也意者當時諸侯醜文姜之行莫肯以其女爲之婦者而齊侯又未有等年之女歟或莊公醜其母之行及母之生存則不娶歟或割臂之盟溺于孟任之愛許以夫人而已有子般之生不汲汲于正嫡歟事皆不可知難以臆

斷也

二十有四年

大水

夫人始入而連年大水爲災其兆可知

冬戎侵曹曹羈出奔陳赤歸于曹

羈時在喪此大臣之罪也

二十有五年

六月辛未朔日有食之鼓用牲

正陽之月日食變之大也

秋大水鼓用牲于社于門

未聞大水而用牲者況伐鼓于門乎書者非惟惡爲國之非禮惡其不務修政事以消患弭災而爲是區區淫巫瞽史之見也

二十有九年

冬十有二月紀叔姬卒

禮爲姑姊妹女子子適人無主者期知此則知春秋獨詳紀伯姬叔姬卒葬之故矣

三十有二年

禘以文王爲自出之帝而以周公配之得用天子禮樂其意因文王以及周公耳其後及周公之時祭其後遂用之羣廟之夏祭則禘之名遂不可解故或問禘之説孔子曰不知也浸淫而不覺遂以夏祭謂之禘其實周祭夏曰禴見于大雅天保之詩與周禮春官宗伯無可疑者後之記禮者見春秋所書夏禘秋嘗冬烝遂以夏祭曰禘訛以傳訛矣晉荀罃曰魯有禘樂賓祭用之可見不特用之于祭并用之于賓

也慶父賊也不去公子何也魯人私親而不以賊討孟氏世爲大夫春秋雖欲去其公子不可得矣

八月癸亥公薨于路寢

莊公忘父之痛而不閑其母苟合而生子越喪而聘仇及其娶也丹楹以示侈用幣以亂別至使哀姜習文姜之風而二子疊弑其不爲唐之中宗一間耳

公子慶父如齊

子般非齊出也閔公齊出慶父假立閔之名以求赦于齊桓故如齊莊公立般雖非正書子言君以爲世子也書卒諱也書慶父如齊見齊人之與賊

閔公元年

冬齊仲孫來

私交曰來仲孫桓公之所使也何以不稱使也來覘國耳非禮使也私也

二年

夏五月乙酉吉禘于莊公

此禘于莊公則不及祖也僖八年禘于太廟用致夫人則兼昭穆也與禮大傳祭祖所自出之帝而以其祖配之自不同矣蓋其初成王賜魯五年大

公子慶父出奔莒

曩之弑子般而立閔公畝于如齊以子般非嫡而閔公齊出也至是季子欲誅之于內齊桓欲誅之于外勢不能安不得不奔　不言莒人歸慶父何也以賂故也但書出奔莒而莒人黨惡之罪見矣魯人逸賊之罪亦見矣慶父已討何以不書殺葢慶父謚共而其子公孫敖爲卿是季氏私其親而不以賊討三家之朋比而無公已見于此矣此春秋不去公子之意也

冬齊高子來盟

不稱使專盟也齊侯使之來不使之盟也專盟而得義與之可也

春秋解卷四終

春秋解卷五　　仁和後學朱文藻輯録

宋廬陵胡銓澹菴著

廷棟　一堅　廷幹　鎮南　光燕

鼎顯　盛海　盛槐　盛楧　光簪

嗣裔　昶　宫梅　盛謙　盛梅　光烈編次

鼎霈　應鈞　盛本　盛禄　光烯

汝霖　學山　毓秀　光薰　光誼

僖公元年

齊師宋師曹師次于聶北救邢

春秋大義救而書爲貶然次而後救者審其得失欲善其救之之方雖緩而猶有可原也救而後次者畏敵之强爲虛聲而無救難之實也三國兵力雖强必以狄師方壯未可遽戰特此聶北爲之聲援適邢人潰出遂逐狄人使邢更依險阻護其遷徙而城之與救晉而次雍榆者異矣不然强敵在後內無援師邢能自遷乎傳稱邢遷如歸有以知齊之救患也

秋七月戊辰夫人姜氏薨于夷齊人以歸

歸者歸齊也

十有二月丁巳夫人氏之喪至自齊

夫人不稱姜父母不以爲子也

二年

春王正月城楚丘

不書諸國之師我往城之之詞也前城邢書三國之師我不往城之之詞也不繫衞王事也非爲一國也不書齊侯合諸侯城之諸侯有患諸侯救之職也非異功也桓公爲燕闢地北伐山戎剸令支

斬孤竹而南歸然衛爲北州大國使狄薦食至此不能爲之恢復疆土而但使遷而避之又何也桓公當時亦只畧施小惠故春秋于衛事亦無大功可紀惟紀城楚丘而已後雖南復荆楚而轉盻之間黄被破滅而不能救終齊桓之世狄伐晉滅溫侵衛侵鄭春秋不絶書皆以累桓也

夏五月辛巳葬我小君哀姜

成其爲小君者嗣君以爲母也

秋九月齊侯宋公江人黄人盟于貫

公穀以爲諸侯皆在唊子謂春秋會盟皆據實書之無舉遠以包近之例

三年

楚人伐鄭

書楚人侵鄭楚人伐鄭而中國之師可舉矣

四年

春王正月公會齊侯宋公陳侯衛侯鄭伯許男曹伯侵蔡蔡潰遂伐楚次于陘

侵蔡畧其與國也遂伐楚本謀也次于陘整兵不

戰以脩文告正而不譎此可見矣左傳言桓公爲蔡姬舉兵國梁言桓公號言伐楚其實襲蔡如此則譎亦甚矣孔子何以言正而不譎也

夏許男新臣卒

劉敞曰諸侯卒于外者在師則稱師在會則稱會今許男一無稱者此去師與會而復歸其國之驗也召陵地在潁川是以許男復焉古者國君卽位而爲椑歲一漆之出疆必載椑卒于師曰師卒于會曰會正也許男新臣卒非正也按卒于師而不

敢歸爲王事也出疆載椑防倉卒之變爲預備也若有不起之疾雖在王事非有重任專責猶許告假而歸況齊桓摟諸侯以伐楚非王命乎地近而當彌留之際必桓公允其告歸未爲過也

楚屈完來盟于師盟于召陵

或謂桓公不責楚以僭王者恐責之太甚楚不肯服此說未穩蓋楚之僭王當時亦私在國中自大耳想未敢聞于諸侯自齊桓既沒而楚始侵陵上國則僭號當自楚成也楚武楚文之稱疑是追謚

不然桓公無有舍大責小之理左傳稱若敖蚡冒篳簬藍縷以啟山林而史記言蚡冒前十一世已僭王此未可信

秋及江人黄人伐陳

既書秋矣不更書齊人魯亦與焉之詞也穀梁曰不言其人及之者何內師也

五年

公及齊侯宋公陳侯衛侯鄭伯許男曹伯會王世子于首止

以王世子下會諸侯不幾替乎曰王會諸侯常事也何替之有抑是會也左氏以爲非王志也然則世子敢擅行乎曰不敢也齊侯必請于王以諸侯欲見王世子王許之行而後世子出會焉諸侯以臣禮見則世子之位定矣此非世子會諸侯諸侯會世子也上會下禮也下會上不幾抗乎故殊會之然則齊桓不有罪乎曰原其安王室之心而與之變之正也

冬晉人執虞公

虞公雖貪然無罪于晉晉詐而執之故稱人以執而虞公不名惡無信也大道既隱天下相欺彼此交紿莫敢自必春秋惡之

六年

冬公至自伐鄭

不致救許而致伐鄭者伐鄭本志也救許遂事也

七年

秋七月禘於大廟用致夫人

據禮大傳禘祭祖之所自出而以其祖配之今致

夫人哀姜于昭穆則非以祖配所自出之禘葢僭用禘之禮樂于三年之祫祭也夫人不稱氏姓爲廟所不受也禮三年大祫遷主于廟今八年而始致夫人亦疑其不可而卒于苟用也漢劉向以夫人爲成風既無據又無蕪故而子立母之理其說非也

九年

夏公會宰周公齊侯宋子衛侯鄭伯許男曹伯于葵丘

八年十有二月天王崩則九年夏正惠王將葬之月也襄王安得祀文武而頒胙冢宰安得舍攝政而出會乎左氏謂惠王本以七年閏月崩而告喪以難故緩杜註謂以今年十有二月丁未告夫國雖有難無有匿喪一年之理且魯史又安得以告喪之日爲升遐之日乎春秋于葵丘之會無貶則惠王崩之月日必有誤矣

九月戊辰諸侯盟于葵丘

桓公衣裳之會九始于北杏會鄄會幽者各再次

檉次首止次甯母終于葵丘兵車之會四于洮于鹹于牡丘于淮葢葵丘一會震而矜之諸侯頗有叛者于是兵車屢試桓德衰矣

冬晉里克殺其君之子奚齊

殺奚齊稱殺不稱弒明奚齊可殺而里克非殺之之人以比于非司寇而擅殺之例薄其罪也君之子云者明非世子不當立也

十年

晉里克弒其君卓及其大夫荀息

傾嫡而奪之國者奚齊也非卓也奚齊旣殺大臣立卓而君之卓非有求國之心也克于是爲弑君矣天理人欲春秋辨之明矣

晉殺其大夫里克

前書弑君者克也則此之爲殺討賊也不以討賊之辭正之而曰殺其大夫里克何也哀其志也驪姬之禍人道苦矣里克所爲葢洩通國人心之公憤而受其罪以死聖人原其情不竟以爲賊也則存其官云爾夫然稱國以殺晉之君臣有罪乎曰

惠公始賂之以汾陽之田百萬甫入國而殺之皆冀芮之謀也則此殺也非所以爲討也使惠公當秦晉求君之時如重耳之固辭不獲已而後許之則定國之後正名討賊孰得而怨焉始賂之而終討之克有辭矣

十有四年

春諸侯城緣陵

書城楚丘我往城之之辭也書諸侯城緣陵我不往城之之辭也不歸功於桓不與齊侯有專功也

明此則知地道无成之義矣不繫杞王事也非爲一國也

夏六月季姬及鄫子遇于防使鄫子來聘

據左氏鄫季姬來寧公怒止之以鄫子之不朝也夏遇于防而使來朝夫女歸于人非父所得止也爲魯所得止則非鄫婦也不書鄫季姬譏魯也鄫子見使于季姬非夫也公穀言使來請已亦非言未嫁而請之也然則往嫁何以不見于經如郯伯姬來歸而書往嫁則不書書杞伯姬來求婦而叔

姬往嫁則不書或舊史失載聖人亦闕之矣先儒謂未嫁之女遠與鄫會此各國未有之醜曾謂魯秉周禮而爲之乎故范甯言魯女無故遠會諸侯此亦事之不然

十有五年

公孫敖帥師及諸侯之大夫救徐

滅黄而桓不能救楚乃敢伐徐其患偪矣盟諸侯于牡丘懼救患之不協也次而後救君不輕出量宜進退雖未大失後徐恃救而敗于婁林齊再伐

厲不克救徐而還盟主亦何足恃哉

季姬歸于鄫

止而復歸之猶再嫁然

春秋解卷五終

春秋解卷六

仁和後學朱文藻輯錄

宋廬陵胡銓澹菴著

汝霖　隆造　盛諫　光熊　光廷

廷棟　禮宗　盛誨　盛柯　光烯

嗣裔　昶　宮梅　盛沙　鎮南　光烈編次

鼎霈　學山　盛椿　光笏

一堅　盛梧　盛檍　鏡川　光筍

僖公十有六年

春王正月戊申朔隕石于宋五是月六鷁退飛過宋

都

傳謂隕石爲星者非經星也彗孛之氣也

十有七年

春齊人徐人伐英氏

楚人病徐齊桓不能服楚而伐其與國是遷戮也

冬十有二月乙亥齊侯小白卒

桓公功在天下再造周室徒以內嬖之私冢嗣不立世臣無權巫寺致亂幾不能殯亂有數世治本在于正家信哉

十有八年

秋八月丁亥葬齊桓公

據左傳桓公子七人爲七大夫于楚則桓公所出不但六公子而已內嬖既多各自樹黨何無重臣爲之匡救乃以愛子屬鄰國使之藉外兵以戕本根此失計之大者也春秋罪宋襄公并魯翟豈惟正少長之分抑亦杜開門揖寇之隙乎孝公致兄死而得國其後諸弟更立商人篡弑孰謂管仲之智而慮不及此哉

冬邢人狄人伐衛

衛嘗亡滅東徙渡河齊桓公使公子無虧帥車三乘甲士三千人歸其牲畜器用而封殖之今衛燬乃反佐宋襄伐其喪而殺無虧其惡爲甚莫有爲齊桓問其罪者而狄乃能之此春秋所以人之人狄者乃所以獸衛也

十有九年

夏六月宋公曹人邾人盟于曹南

欲繼北杏也

秋宋人圍曹

執嬰齊用鄫子曹之不服不亦宜乎故子魚曰君德無乃有闕而以伐人若之何盍姑內省德乎無闕而後動

冬會陳人蔡人楚人鄭人盟于齊

書會微者也此盟楚何序陳蔡之下則未敢僭王可知僭王葢在楚成敗宋之後固知成之受弑于商臣猶禄山思明耳

二十年

秋齊人狄人盟于邢

利則進害則退狄之常也今能救齊之難討衛之罪謀邢之急則已進于人道矣春秋人之有以也

二十有一年

春狄侵衛

南則楚北則狄交訌于中國齊桓之亡無繼之者也

秋宋公楚子陳侯蔡侯鄭伯許男曹伯會于盂執宋公以伐宋

書宋公楚子於諸侯之上而下書執宋公以伐宋是宋楚爭長也楚風日競宋襄與之盟會已非尊周攘亂之義不量其威之不足以爲齊桓之猶欲用齊桓召陵之禮故楚子護而執之有文事必有武備苟知夫子夾谷之義亦何至有失身之辱矣上以諸侯同執爲文下言公會諸侯釋宋公何以知爲楚執乎中書楚人使宜申來獻捷則可知矣

二十有二年

秋八月丁未及邾人戰于升陘

不書我師敗績兩敗也傳稱邾人獲公胄縣諸魚門記稱邾婁復之以矢蓋自戰于升陘始也兩國之各創可知矣晉人秦人戰于河曲楚人及吳戰于長岸皆此類也

二十有三年

春齊侯伐宋圍緡

異哉以怨報德刑戮之民也宋公竭力以納孝公而孝公反因其敗而摧之何哉

冬十有一月杞子卒

杞入春秋至此始書卒終春秋凡卒皆稱杞伯後又書杞子來盟蓋以其蔑禮不守時王之制故從四夷雖大皆曰子之例

二十有五年

春王正月丙午衛侯燬滅邢

衛侯燬何以名絶先祖之裔亂君臣之義是以名之也邢同姓而滅之罪一也然前此晉滅虞有之矣遺禮至兄弟往仕焉臣人而賊其君自開闢以來未之有也君臣之道自此苦矣聖人惡之以爲

罪當誅絶春秋之法諸侯不生名上書衞侯燬滅邢下書衞侯燬卒可以鑒矣

二十有六年

齊人侵我西鄙公追齊師至酅弗及

齊稱師則非將卑師少明矣前書齊人貶之也不纘先緒而侵畧以絶鄰好是可罪也追至酅譏深入也

衞人伐齊

投我以木瓜報之以瓊琚衞文已忘瓊琚之報矣

而況成公乎

公子遂如楚乞師

齊桓伐楚僖公從之史克作頌曰荆舒是懲[illegible]

我敢承齊桓一死遂南面而乞師使楚人畧通文

理執是詩而問之不已愈乎甚矣其惑也

公以楚師伐齊取穀

背華即楚而取齊之邑使內大惡諱莫甚于此矣

以此知春秋直筆也

二十有七年

十有二月甲戌公會諸侯盟于宋

宋方見圍不與盟也

二十有八年

楚人救衛

晉侯本爲救宋出師而陰謀致楚反予楚以救衛之名故春秋之法明其道不計其功

楚殺其大夫得臣

子玉剛而無禮方命喪師罪在可殺而楚子取之無法與大臣薦非其人獨無罪乎稱國以殺君臣

同責也或謂楚子以一敗殺將爲楚子咎然則三軍之命獨可輕乎以擅殺爲罪則可也

衛侯出奔楚

晉侯之出亡衛文公不禮焉及其歸而伐衛也則成公請盟而不許至使衛人出其君以說于晉非成公之罪也故不名

六月衛侯鄭自楚復歸于衛衛元咺出奔晉

衛侯初歸則稱復再歸何以不稱復乎諸侯失國而復國則稱復故衛侯初歸稱復以出奔楚則國

非其國也其見執而歸之于京師王不廢黜則未失國也故不言復猶曰出而歸爾

秋杞伯姬來

父母殁不歸寧杞伯姬來非禮也

晉人執衛侯歸之于京師

貶晉侯而稱人非謂衛侯不當執也康誥曰兄亦不念鞠子哀大不友于弟不于我政人得與我民彝大泯亂今衛侯入國而前驅殺其弟叔不友可知矣速由文王作罰不亦宜乎然非晉侯

所得罰也稱晉人不與諸侯專執也歸于者順詞也歸之于者本欲專殺不得巳而歸之于京師也

二十有九年

夏六月會王人晉人宋人齊人陳人蔡人秦人盟于翟泉

翟泉杜註今洛陽城內大倉西南池水也故諸儒以爲近在王城之內而諸侯大夫敢與王子盟强逼甚矣然洛陽舊係天子會諸侯之地而徵會討貳諸侯不敢不往此必晉侯重煩諸侯請之于王

以王命會諸國大夫而王子虎臨之踐土之盟左傳書王子虎盟諸侯于王庭而經不書杜註王子虎臨盟不同歃故不書則此之書王人不書王子虎疑亦王子虎臨盟而歃者王人歟諸侯皆不至而大夫會盟則公豈獨往亦必大夫也果如左傳書公會在禮卿不會公侯爲僖公降班而諱則于成公蜀之盟何以不諱乎

秋大雨雹

凡地氣近地時溫上至天近月則冷又上而近日

則熱凡作雨雪之雲大率徐緩將至近月之天得冷氣便降而零化矣夏月之氣鬱積甚厚力專勢銳騰上甚速直至月天極冷之處結成水則愈大故觀雹者知雲興有異便當避雹此亢氣之所致也

三十年

衛侯鄭歸于衛

衛侯犯民彝之罰王討不能加也晉侯執而請殺之王以爲爲臣殺君不可夫殺之不可廢之未爲

過也又從而歸之是廢文王不友之罰也書名絶之也不當歸也書歸易辭也王歸之也出奔不名未有罪也見執不名爲臣執君也始歸而殺叔武則名再歸而及公子瑕則名一之爲甚其可再乎

晉人秦人圍鄭

譏復怨也

三十有二年

秋衛人及狄盟

衛與狄有不共戴天之讎而不能聲罪致討書侵

見其潛師竊掠非敢明目張膽爲報讎之舉也

又與之盟焉誰謂不共戴天之讎而可與盟哉

三十有三年

齊侯使國歸父來聘

國歸父與公孫歸父同宜皆名也

晉人陳人鄭人伐許

越喪伐國貶也

春秋解卷六終

春秋解卷七　仁和後學朱文藻

宋廬陵胡銓澹菴著

廷棟　一堅　廷幹　鎮南　[illegible]

鼎顒　盛海　盛槐　盛棟　晉

嗣裔　昶　宮梅　盛謙　盛梅　[illegible]烈編次

鼎霈　應鈞　盛本　盛祿　光烯

汝霖　學山　毓秀　光薰　光誼

文公元年

春王正月公即位

先儒謂十二公皆不受命于天子而但削隱公以垂法未然也葢不請命而即位此直書而罪自見矣

衛人伐晉

衛人孔達也孔達執政而敢伐盟主攻 有自來矣

公孫敖如齊

當喪出聘非禮也

二年

丁丑作僖公主

按古三年而撤几筵新主入廟卽栗主也然期年練祭已必用栗主則前此便當作主不宜緩耳

三月乙巳及晉處父盟

及晉處父盟按經文與及荀庚盟及孫[illegible]夫盟一例皆境內之盟也其上不書處父來者亦當與高傒蘇子同左穀皆以爲公如晉諱之不書夫不諱盟而諱如晉亦未必然也左氏云晉人以公不朝來討公如晉晉人使陽處父盟公以恥之然則成

元年臧孫許及晉侯盟于赤棘豈非恥晉侯乎

八月丁卯大事于大廟躋僖公

喪三年不祭八月大事于太廟不行三年之喪也

公子遂如齊納幣

納幣在二年之冬逆婦在四年之夏納幣早而逆婦遲此不謹于禮之失也

三年

春王正月叔孫得臣會晉人宋人陳人衛人鄭人伐沈沈潰

春秋侵伐之柄下移於諸侯自是遂移於大夫矣汝南小國廹近荆楚服楚者不得已也彼來從中國則爲江爲黃不從中國則爲沈不亦難乎稱人以侮弱貶也觀魯以命卿行則[illegible]國[illegible]

夏五月王子虎卒

外大夫不卒曾公嘗與王子虎會于踐土天王使來赴故卒之

秦人伐晉

以伯事論則濟河焚舟之舉秦穆得意之秋以王

道言則豈反己自治之方乎春秋伸正而不伸邪如此

四年

夏逆婦姜于齊

按禮三月而後廟見始成婦也三月以前稱女未成婦也今在父母家遽稱婦何其速婦之也蓋以姑命逆也昏禮以主人命逆女不以姑命逆婦婦人不與外事今稱婦姜譏其以姑命逆也以賤逆故不稱夫人其不稱氏者猶言紀季姜

晉侯伐秦

常詞也前再勝而報之故重貶而稱人今秦取王官及郊而報之故以常詞稱之耳

冬十有一月壬寅夫人風氏薨

僖公八年禘于大廟用致夫人者致哀姜也哀姜既爲齊人所殺理不宜致廟僖公遲之八年不敢以子貶母而卒以配父焉然左氏以爲非禮也則是僖公未嘗崇妾母而以風氏配也以用致夫人爲成風者劉向之誤也而後儒從之謂僖公于宗

廟之中行禘祭告于祖宗而立風氏以爲莊公之夫人其説不經又無據于此竟罪僖公以妾母爲夫人而賤其父則非也僖公在時哀姜既以淫亂被誅上無正嫡之壓而成風以子貴獲尊遂有夫人之稱僖公未嘗告廟而立之也至是則爲文公之祖母而天王且歸含賵焉則遂成其爲夫人而子以母貴矣春秋安得而削之乎觀王不稱天則知嫡妾之不可亂觀用致夫人削其姓氏則知出妻之不可配而宗廟之禮嚴矣漢光武黜呂后而

以薄太后配讀春秋知吕可黜而薄不可進雖無配何也

七年

春公伐邾三月甲戌取須句

僖公取之矣中間復爲邾取至是又取之書伐書取不正其兵爭也

遂城郚

齊侯遷紀郱鄑郚則郚屬齊久矣不知何時乃歸于魯豈齊遷紀而墟其地耶抑别是一邑也

秋八月公會諸侯晉大夫盟于扈

書會書盟似非爲公之後也蓋以大夫而主諸侯自垂隴始也是晉襄委柄不出之過也是時三諸侯二大夫合而爲盟猶可言也盟于扈則是趙盾內專廢立外强諸侯爲此盟一時七諸侯從一大夫晉君方幼冠履之辨疑矣畧諸侯而不序散辭也列晉大夫於下不以大夫主諸侯也大夫之名氏見于春秋夫子之所恫也曰天下有道則政不在大夫至扈之盟棐林之伐而會盟征伐一出于

大夫經不列諸侯不目大夫特書曰公會諸侯晉大夫盟于扈正名其爲諸侯而後天下之爲諸侯定正名其爲大夫而後天下之爲大夫者定

八年

公孫敖如京師不至而復丙戌奔莒

以諸侯之卿奉使以弔于天子任亦重矣乃棄其命使舍其宗廟位著以從一婦人爲天下戮笑可謂惑之甚矣而恬不以爲恥者其受蠱深也是以君子自畏其心之流放而謹持之以爲人之異于

禽獸者幾希也

宋人殺其大夫司馬宋司城來奔

有君在國而衆殺其大夫司馬而不能討行及君矣

九年

三月夫人姜氏至自齊

夫人之行輕佻越禮則亦未必告廟而始出也春秋於此書至以出姜爲允于禮矣

晉人殺其大夫士穀及箕鄭父

書晉人者討賊之辭也晉靈初立主幼不君政在趙盾而不歸責於趙盾者作亂有可討之罪也不去其大夫者異于討弒君之賊也是不免專殺之罪也及者不宜及也

九月癸酉地震

臣民不安也

冬楚子使椒來聘

其君書爵豈與之乎見中國無伯楚以强大不得辭而却之耳不然吾未見弒父之賊一修聘禮而

即與之也

秦人來歸僖公成風之襚

僖公成風之甍皆遠矣而來歸襚又兼之非禮也故但稱人又成風雖僖公之母然僖公甍于前而成風甍于後以甍之先後爲襚故曰來歸僖公成風之襚

春秋解卷七終

春秋解卷八　仁和後學朱文藻輯錄

宋廬陵胡銓澹菴著

汝霖　隆造　盛諫　光熊　光廷

廷棟　禮宗　盛誨　盛柯　光烯

嗣裔　昶　宮梅　盛沙　鎮南　光烈編次

鼎儒　學山　盛椿　光笏

一堅　盛梧　盛櫶　鏡川　光筍

文公十年

夏秦伐晉

秦字下或有字疑先儒傳録之失也又或别有罪焉而狄之今不可考矣或以爲許晉悔過夫晉之求君于秦秦人奉而歸之則濳師敗焉以常情言稱兵問罪亦所宜也而反以此狄秦吾未見聖人之意當若此也

及蘇子盟于女粟

陸氏淳云畿内諸侯皆稱子若然則周公召伯毛伯何以稱焉亦有官尊而稱子子爵而執政者按魯無以微者盟王臣之事此當是公女粟雖非魯

國中亦境內故不書公周王新立遣卿士以親諸侯公乃不親覲京師而與王臣盟于國其罪大矣

楚子蔡侯次于厥貉

據左傳厥貉宋不在

十有一年

春楚子伐麇

按左氏厥貉之會麇子逃歸而楚子伐之則麇乃近楚小國而楚自厥貉還師伐之其次厥貉非爲伐麇也爲服宋也

十有二年

冬十有二月戊午晉人秦人戰于河曲

亟戰罷民聖人以爲莫相爲直也交貶之自彭衙以後秦晉之交爭多矣春秋總不書其勝負言勝負之不足論也而止著興兵者殘民之罪此息爭之道也

季孫行父帥師城諸及鄆

春秋城築二十九獨三言帥師爾此年及襄十五年季孫宿叔孫豹城成郛哀三年季孫斯叔孫州

仇城啓陽是也帥師師者欲因城而遂廣其疆界書此者以見非惟勞民以城又毒衆以争也

十有三年

世室屋壞

魯有世室禮乎曰太廟祀周公也然伯禽實始封之君而魯人不敢祧亦禮也

十有四年

九月甲申公孫敖卒于齊

是不卒者也高氏以爲爲齊人歸喪起也春秋其

以惠叔之孝獻子之賢而卒之與班氏爲安世而怨張湯情理自不可已善夫

齊公子商人弑其君舍

商人稱公子罪桓公貽謀之不善而篡弑之禍至于今未已也諸公子迭爲君不稱公子無以見其君國之由也

齊人執子叔姬

據左傳襄仲使告于王請以王寵求昭姬于齊曰殺其子焉用其母請受而罪之冬單伯如齊請子

叔姬齊人執之又執子叔姬然則曷不言齊人執單伯及子叔姬遠嫌也單伯男也子叔姬女也不可相及也故再稱齊人使若異事然弑君之賊而王使加焉宜其有是辱也

十有五年

三月宋司馬華孫來盟

不稱使專盟也宋公使之來不使之盟或曰書官書華孫子其結鄰好參之屈完高子之例亦通

齊人歸公孫敖之喪

公孫敖以一婦人之故棄命出奔身死于外春秋備書以其子爲魯卿故録其始卒亦所以爲鑒也

單伯至自齊

單伯雖天子大夫自我見執故書至自齊至魯則自歸周矣隱其詞也齊執王使其惡極矣不可言自齊歸于京師

秋齊人侵我西鄙

書人書侵罪齊也

冬十有一月諸侯盟于扈

不序者不予晉以伯也

齊侯侵我西鄙遂伐曹入其郛

扈盟不討而商人遂稱齊侯成其爲君者晉之罪也于是商人遂益横矣

十有六年

春季孫行父會齊侯于陽穀齊侯弗及盟

盟弑君之賊而復爲所不屑是可恥也

六月戊辰公子遂及齊侯盟于郪丘

公汲汲使公子遂與篡弑之齊侯盟而子赤之弑

亦即踵于其後矣春秋大義急于討賊豈迂論哉

楚人秦人巴人滅庸

庸雖有罪而滅之已甚春秋槩從滅國之例或以爲楚不稱師爲滅楚之罪吾未之見也

冬十有一月宋人弑其君杵臼

昭公初立欲去公族穆襄之族率國人而攻之矣不禮襄夫人夫人因戴氏之族以攻其黨而殺之矣至是舉國皆讎一婦人得而制之君雖無道而宋之舉國爲賊亦深可惡也故正其弑君之罪曰

宋人

十有七年

春晉人衛人陳人鄭人伐宋

趙盾之請師也發令于太廟召軍吏戒樂正旁告于諸侯治兵振旅鳴鐘鼓以至于宋何其壯也至宋而罪無所歸寂然反旆爲笑于諸侯亦已甚矣三綱幾何而不滅也

齊侯伐我西鄙六月癸未公及齊侯盟于穀

齊侯與遂盟于郪丘是年伐我又與公盟于穀齊

之叛盟固不容誅然公之昏庸不能爲國以禮而汲汲以請盟深可恥也文公立十有八年大夫盟會十八九獨此書公盟亦以見大夫之張也

諸侯會于扈

前不能討齊後不能討宋杜氏曰如上十五年之諸侯可知也

秋公至自穀

見扈之會公弗與聞也

冬公子遂如齊

齊連年伐我而數遣使以聘之魯之君臣豈不謂重幣甘言可以已敵國之難乎嗚呼不知立國區區以國與人雖竭力以事之彼豈以我爲德乎

十有八年

夏五月戊戌齊人弒其君商人

商人賊也而君之齊人君之也巳君之而弒之罪人舍爵而行莫之止也是齊人共之也

秋公子遂叔孫得臣如齊

得臣黨惡之罪亦見矣

冬十月子卒

子卒何以不日賊臣隱之不知其以何日弑也若子般則有日矣叔仲彭生之死何以不書襄仲以君命召惠伯其宰公冉務人止之矣彭生愎諫而入殉以成逆臣之謀聖人以其死爲未也凡死足爲君國重輕則書之

夫人姜氏歸于齊

即出姜也魯人謂之哀姜其實莊公之夫人爲哀姜

季孫行父如齊

下書公子遂如齊逆女此必納幣也三臣亟行固知同謀矣

春秋解卷八終

春秋解卷九

仁和後學朱文藻輯録

宋廬陵胡銓澹菴著

廷棟　一堅　廷幹　鎮南　光燕

鼎顯　盛海　盛槐　盛梀　光簪

嗣裔　昶　宫梅　盛謙　盛梅　光烈編次

鼎霈　應鈞　盛本　盛禄　光烯

汝霖　學山　毓秀　光薰　光誼

宣公元年

楚子鄭人侵陳遂侵宋

齊宋魯晉皆中原大國弒君而莫之討楚莊于是乎入侵中原與晉爭伯晉弗能競焉歸生徵舒之弒楚獨能討宜春秋之進之矣

三年

春王正月郊牛之口傷改卜牛牛死乃不郊

穀梁言已牛矣尙卜免之非也春秋書改卜牛卜新牛非卜已傷之牛也魯無冬至祭天之事惟三月祈穀上帝耳餘月而郊謂之不時故春秋三月郊皆不書宣三年成七年定十五年哀元年皆書

于春正月蓋郊雖以三月然先期必在滌三月此
以牛在滌見傷而書非以正月郊而書也
秋赤狄侵齊
赤狄之種在潞州不知何以得侵齊
四年
夏六月乙酉鄭公子歸生弑其君夷
歸生何以稱公子見其卽帥師之公子歸生而不
能討賊反懼禍而作賊也
冬楚子伐鄭

是時中原大國晉齊宋魯鄭莫不弑君亂至此極矣楚莊之伯也宜哉

六年

秋八月螽

螽惡蟲爲穀害也毋乃賊民生于下而爲善民之害歟

七年

冬公會晉侯宋公衛侯鄭伯曹伯于黑壤

黑壤之盟公不與故不書春秋雖爲內諱亦不失

實此類是也

八年

辛巳有事于大廟仲遂卒于垂

季友仲遂皆生而賜氏然前書公子季友卒此言仲遂卒于垂去其公子何也穀梁子曰是不卒者也疏之也然則書公子親之也書仲遂有憯辭焉子赤未成乎君故遂異于翬而書卒已成乎弒故異于季友而不書公子

雨不克葬庚寅日中而克葬

禮惟庶人之葬不爲雨止則天子諸侯大夫士皆不乘雨而葬禮也

九年

秋取根牟

根牟左氏不言邑與國公羊言邾婁之邑也然則曷爲不繫乎邾婁春秋書滅下陽亦不繫虢或取吾故邑或取他國邑不可考矣

九月晉侯宋公衛侯鄭伯曹伯會于扈晉荀林父帥師伐陳

鄭自晉靈以來服屬於楚至晉成繼立始叛楚而歸晉自宣三年至於是鄭無歲不有楚師然不敢叛晉者惟晉成是賴故黑壤及此扈之會鄭皆有焉

十有一年

夏楚子陳侯鄭伯盟于辰陵

陳侯平國弑于去年之夏而今踰年楚子盟陳侯至冬而始討徵舒其討已非本意又縣陳而復封之此伯者之政全非天理也

丁亥楚子入陳

楚子爲夏氏亂故謂陳人無動將討于少西氏使其誅徵舒而出則經不書入陳矣縣陳而復封之故書入一念之間義利分矣徵舒以母受污之故而弑其君至蒙車裂之慘然則爲徵舒者當坐視其母之淫亂而不之問乎曰不幸而罹此逃之可也

納公孫寧儀行父于陳

使楚子當日誅徵舒之母則禍本絶矣乃納淫人

而君臣爭此一媼卒爲楚禍强吳覆國皆由于此

人君正心之學可不愼哉

十有二年

春葬陳靈公

葢陳成公復國成喪而葬也

楚子圍鄭

入自皇門至于逵路曷爲止書圍退三十里而與

之平未造于朝廟其於鄭有禮矣故著其前罪而

諱其後罪

夏六月乙卯晉荀林父帥師及楚子戰于邲晉師敗績

晉師救鄭鄭已全矣而猶進師則非救鄭也楚子求成于晉而晉人不許故以晉及之也

晉人宋人衛人曹人同盟于清丘

書同盟見晉人德則不競而要人以盟方同盟於前而已叛盟于後盟之無益甚矣

宋師伐陳衛人救陳

宋之不敵楚衛之不敵晉明矣當此二國交爭之

際謹守其國猶懼有外侮乃一以伐陳而致易子析骸之困一以救陳而致冢卿之死謀國之善者如是乎凡書救者未有不善之也然則淸丘之盟可背乎君子惡要人結盟以爲黨而同惡相濟故曰言不必信行不必果惟義所在書救陳者非善衛乃惡晉之討衛也

十有四年

冬公孫歸父會齊侯于穀

桓公十一年秋九月柔會宋公陳侯蔡叔盟于折

文公元年秋公孫敖會晉侯于戚先此矣曾縣子言古之大夫束修之問不出境今之大夫交政于中國如是則與諸侯相見而行會禮豈足怪乎

十有五年

夏五月宋人及楚人平

書及宋所欲也觀此之被圍九月幾亡社稷不得不及楚平然則伐陳之師殺楚使之事不可以已乎修禮謹備自治無隙孰得而伐之書人謂宋人召釁楚人以威服人偕貶也而晉人終避楚而不

敢爭其無志諸侯亦可知矣

六月癸卯晉師滅赤狄潞氏以潞子嬰兒歸

潞子夫人晉景公之姊也酆舒爲政而殺之是宜討之賊也春秋書滅兼幷之詞也非討賊之詞也

王札子殺召伯毛伯

臣下可以專殺天王失政刑矣

初稅畝

杜氏謂十取其二公穀何氏皆以爲仍是十而取一但廢古助徹之法耳又曰變法之初未必遽至

倍取然哀公曰二吾猶不足前此他公未聞加稅則此初稅畝當是助耕之外又稅其畝未必便是十二也

饑

是歲以饑而稅畝則是饑獨在民耳

十有六年

春王正月晉人滅赤狄甲氏及留吁

晉景之時滅赤狄潞氏甲氏昭公之時伐鮮虞頃公之時滅陸渾似乎膺戎狄廣幅員爲國家之上

計也然而諸侯背畔強臣内訌卒至公室日卑無救于亡以此知聖人憂在蕭墻果不在兵強地廣而天下畏之也

冬大有年

十五年秋螽初稅畝冬蝝生十六年書冬大有年必皆史之舊文也聖人觀史至螽蝝稅畝必有愀然不忍之心焉于大有年必有歡然同樂之志焉程氏謂宣公篡立宜年年水旱而獨此一年大有反爲失常是必篡君之世年年水旱死亡繼路而

後快于心也殆非仁人之言也若曰其君雖篡猶幸天未棄其民也則可耳

十有七年

冬十有一月壬午公弟叔肸卒

或曰稱弟得弟道也然則稱公子者獨不得子道乎叔肸之卒或因當時以孟仲叔季爲稱未可知肸者其名也

十有八年

甲戌楚子旅卒

楚子周爲子爵故稱子

當

春秋解卷九

春秋解卷九終

春秋解卷十　仁和後學朱文藻輯録

宋廬陵胡銓澹菴著

汝霖　隆造　盛謙　光熊　光廷

廷楝　禮宗　盛誨　盛柯　光烯

嗣裔　昶　宮梅　盛沙　鎮南　光烈編次

鼎需　學山　盛椿　光劬

一堅　盛梧　盛櫶　鏡川　光筍

成公元年

無冰

一身之中豫怠則常燠合百姓之豫怠而常燠陽亢失藏則無冰矣

三月作丘甲

按古法一甸出馬四匹牛三頭甲士三人步卒七十二人將重車二十五人共百人爲卒則已是丘出一甲蓋將重車亦有一長但未必甲士也今成公作丘甲疑是一甸百人之外又增一丘之甲是一甸出百二十五人也哀公時用田賦仲尼曰施取其厚事舉其中歛從其薄如是則丘亦足矣此

言先王之法只是丘出一甲非指成公加賦而言

夏臧孫許及晉侯盟于赤棘

據左氏聞齊將出楚師欲自託于晉故汲汲爲此盟也大夫及諸侯盟見大夫之彊也自公子遂及齊侯盟後益甚故仲孫何忌及邾子又甚非惟惡大夫之彊亦惡諸侯之失其御也

秋王師敗績于茅戎

王師非戎之所能敗王師自敗也而冠履之辨審矣

二年

取汶陽田

汶陽之田吾故田也何以不曰復而曰取以兵力得之也

薛人鄫人盟于蜀

予嘗審察春秋前後所書公及大夫盟于魯地蓋無書公者獨至是年而書公會楚公子嬰齊于蜀再書丙申公及楚人秦人宋人陳人衞人鄭人齊人曹人邾人薛人鄫人盟于蜀言之重詞之複蓋

諸國之君一無至者而公獨親行降班失列與夷狄之公子會下儕于十一國之大夫而春秋畧無諱焉二百四十年惟此一書莫得其意旣反覆深觀乃惻然嘆曰思深哉聖人之書法也是年以季孫一怒埽境內與師四卿並將自夏徂秋揚揚得意奏凱而歸楚方以救齊而來諸臣孰敢爲公往者觀臧孫託辭可知獨有一孟獻子不與伐齊之役者爲請往賂之之謀不得已而公獨以公衡爲質親往行成危辱至此聖人于此葢深惡魯之無

臣以爲若有一臣見危致命當不至此故一則曰公會再則曰公及會盟同地而再書于蜀當此主辱臣死之時諸臣方以戰勝有功若不聞者不亦悲乎十一國從楚會盟進而狎主中夏其不能自强于政治而脅于南蠻之兵威莫敢校者亦足傷矣諸卿書人見從楚之衆也

三年

甲子新宫災三日哭

宣公簒立而得保首領以殁猶有身後之災

衛侯使孫良夫來聘丙午及荀庚盟丁未及孫良夫盟

以嘉好來而以歃血終非禮也

鄭伐許

鄭之困于大國極矣不知以所惡者勿施于人近于鄭者惟一許爲小專務淩之至是一歲而再伐焉是可惡也雖狄之可也其後累伐不已甚至許畏鄭而四遷焉乘楚之敗卒滅之然則春秋之狄鄭豈無說乎

五年

夏叔孫僑如會晉荀首于穀

會諸侯之禮今大夫行之以爲常矣

六年

取鄟

鄟者何公羊曰邾婁之邑也穀梁曰國也杜曰附庸也今按國則當曰滅邑則當繫國或附庸之國不書滅耶或取吾故邑耶或鄟國如鄫已見滅于人而吾復取之耶或如昭元年季孫伐莒取鄆而

經不繫之莒耶今不可考矣

七年

春王正月鼷鼠食郊牛角改卜牛鼷鼠又食其角乃免牛

宣三年天王崩再易牛而牛死乃不郊今成五年十有一月天王崩喪猶未畢也亦再易牛而角食可以警矣

八年

春晉侯使韓穿來言汶陽之田歸之于齊

諸侯之地非諸侯之所可予奪也來言者歸不歸未可知之辭也歸之于者強辭也非魯之所欲也不得已也然則魯以辭却之不亦可乎曰得罪于二大國以爭尺寸之地亦可已矣於此見藉人之力以得地之不可恃也

晉殺其大夫趙同趙括

同括附和毓子以敗邲師未爲無罪但其事已久今則未必亂也

秋七月天子使召伯來賜公命

賜公穀皆作錫左氏作賜賜錫義同或傳寫誤也

九年

公會晉侯齊侯宋公衛侯鄭伯曹伯莒子杞伯同盟于蒲

晉要諸侯同外楚也

楚公子嬰齊帥師伐莒庚申莒潰楚人入鄆

效死勿去雖守邦之本然豈不予以可恃而驅民于死乎不修城郭又寡不敵强但使之死守無是理也

十年

衞侯之弟黑背帥師侵鄭

或說黑背爲寵弟則周公東征亦成王之寵叔乎

十有一年

晉侯使郤犨來聘己丑及郤犨盟

按晉侯此時在喪自不宜與公盟惟犨來聘而盟

非禮

十有四年

夏衞孫林父自晉歸于衞

書自晉惡晉之保叛臣而爲之助惡林父之求援大國以要君也

九月僑如以夫人婦姜氏至自齊

僑如通于穆姜子叔聲伯謂晉人曰僑如之情子必聞之矣當時諸侯皆聞其醜行而成公命之逆夫人可乎書以者不以者也

十有五年

晉侯執曹伯歸于京師

書同盟見其旣同矣蓋執曹伯義也始與之同盟

而終執之非義也故曹人得以爲辭

秋八月庚辰葬宋共公

葬之速也大不懷也

宋華元出奔晉宋華元自晉歸于宋宋殺其大夫山

宋魚石出奔楚

據經是華元力不能討子山藉晉力歸而殺之故曰自晉據左傳則華元出奔未至晉魚石止之非所謂自晉歸也從經爲正

十有六年

春王正月雨木冰

少陽木之氣不勝陰冰也

甲午晦晉侯及楚子鄭伯戰于鄢陵楚子鄭師敗績

在十二年晉士燮楚公子罷合盟于宋西門之外雖以外大夫盟且無信故不書然是盟曰有渝此盟明神殛之俾隊其師無克胙國迄今四年耳去年楚先敗盟則此一戰君傷而將死今年之戰及之者晉侯也則再踰年而被弒誰謂鬼神可欺乎

公會尹子晉侯齊國佐邾人伐鄭

單伯會伐之後莊十四年王臣與伐又見于此

乙酉刺公子偃

以穆姜一語而刺之非罪也

十有七年

夏公會尹子單子晉侯齊侯宋公衞侯曹伯邾人伐鄭

三公有土爲畿內諸侯稱公祭公周公州公是也

卿大夫皆曰子亦有稱伯者如祭伯召伯毛伯是也

晉殺其大夫郤錡郤犨郤至

據左傳晉景之殺趙同趙括也欒郤爲徵今郤至之見譖也欒書爲計以傾之雖一時有所施在民卒因其子黶之汰至于盈而滅宗焉天道好還其信矣夫

十有八年

庚申晉弒其君州蒲

欒書弒其君而晉人愛之觀范鞅對秦伯曰武子之德在民如周人之思召公焉則雖謂晉弒其君

可矣葢晉人德其弑厲公而迎悼公也

夏楚子鄭伯伐宋宋魚石復入于彭城

復入者據城以叛也不書納者惡甚于納也

春秋解卷十終

春秋解卷十一　　仁和後學朱文藻輯錄

宋廬陵胡銓澹菴著

廷棟　一堅　廷幹　鎮南　光燕

鼎顯　盛海　盛槐　盛棟　光簪

嗣裔　昶　宮梅　盛謙　盛梅　光烈編次

鼎霈　應鈞　盛本　盛祿　光烯

汝霖　學山　毓秀　光薰　光誼

襄公元年

冬，衞侯使公孫剽來聘，晉侯使荀罃來聘

杜氏曰冬者十月初王赴未至故傳善之今按春秋書法邾子來朝在是月無罪之辭也衛晉來聘槩以冬比有罪之辭也

二年

冬仲孫蔑會晉荀罃齊崔杼宋華元衛孫林父曹人邾人滕人薛人小邾人于戚遂城虎牢

何不言城鄭虎牢城楚丘不繫衛城緣陵不繫杞皆王事也非爲一國況此實取其地以偪之非爲鄭城何不言取王事也葢鄭棄夏從楚故春秋書

法如此

楚殺其大夫公子申

按楚公子申爲右司馬多受小國之賂以偪子重子辛楚人殺之葢陳之從晉亦有其因故范宣子以爲討貳而立子囊

三年

春楚公子嬰齊帥師伐吳

內爭强于中國而外閉釁于吳兵連禍結馴致入郢自此始矣

六月公會單子晉侯宋公衞侯鄭伯莒子邾子齊世子光己未同盟于雞澤

自柯陵而王臣始同盟自雞澤之盟此後王臣不與諸侯之會宋之盟晉楚狎主齊盟天下知有楚王而不知有周王矣至楚虔見弑晉懼諸侯之貳叔向曰諸侯不可以不示威乃假靈于天子之老會諸侯于平丘而劉子始與焉至再會于召陵卒敗于賊臣之求貨而晉于是不復合諸侯矣葢齊晉之霸本以尊王而召諸侯至晉悼之霸則不復

尊周而平公之時趙武偷于爲政不復攘楚而諸侯咸貳矣乃始復欲以尊周名之虛名耳人其肯信乎

戊寅叔孫豹及諸侯之大夫及陳袁僑盟

陳自辰陵不與于諸夏之盟者三十年至是見楚敗晉强始來如會而書及以及者喜遠人之來而汲汲欲之也于是發戍以戍之合諸侯以救之而卒不能及也陳侯之逃歸廹於二慶之謀怵于鄭之傳言而懼其身之爲鄭伯續也鄭之犧牲玉帛

待于二境亦鑑陳侯之不能自固而爲兩屬之謀也非荀罃之不戰以屈楚中國之勢亦岌岌矣

五年

冬戍陳

受命于晉而戍之

六年

莒人滅鄫

觀後取鄫則取之莒無疑

七年

楚公子貞帥師圍陳

前書伐陳未足以克陳也此書圍陳則以兵合而守之書此以見楚之憑陵列國極矣屢書公子貞帥師亦見貞之專楚也

鄭伯髡頑如會未見諸侯丙戌卒于鄵

據傳鄭伯之卒以瘧疾赴于諸侯晉悼在會亦不推究諸侯承其僞而書之者有年矣聖人採之道路欲革而正之嫌于以意斷非闕疑之意也書曰如會未見諸侯丙戌卒于鄵陳侯逃歸欲以起問

者見是非也上書如會而致其志未見諸侯其辭哀卒之下書陳侯逃歸其辭廹鄭伯欲從中國而罹其凶禍諸侯莫有討心陳侯于是懼而去之知其間必有變矣藉藉之言皆以為賊由子駟然當時或疾或弒其賊莫能明也故其子立而不知所討聖人不正其為賊寧失不經聖人之慎也襄十年冬盜殺公子騑騑即子駟書盜殺不以為討賊也穀梁謂不使域外之民加中國之君或又謂見弒者皆有不善之積鄭僖公欲從中國是貴禮義

爲中國之君豈有不善之積以及其身者乎聖人至是傷之甚懼之甚故變文書卒于鄵是則謂魯史舊書鄭騑弑君而聖人削之以善人被弑因隱惡人之罪自兹以往爲善者狀之無罪殺之可不問矣爲善者其懼而亂臣賊子不可彈冠而相慶乎必不然矣曰不得其死者亦可書卒乎曰子般卒子卒此以內弑隱之也吳子遏伐楚門于巢卒於越敗吳于檇李吳子光卒是以外賊亦卒之也

陳侯逃歸

前此范宣子曰我喪陳矣楚人討貳而立子嚢必改行而疾討陳陳近于楚民朝夕急能無往乎有陳非吾事也無之而後可至是陳人患楚慶虎慶寅謂楚人曰吾使公子黄往而執之楚人從之二慶使告陳侯于會曰楚人執公子黄矣君若不來羣臣不忍社稷宗廟懼有二圖陳侯逃歸書陳侯逃歸以見刜楚之横晉雖鞭長不及馬腹而陳侯居守不得其人内迫于二慶之告外懼爲鄭伯之續以至于此也使晉致力以勤諸侯而陳不歸楚

則鄭之從晉可必也安用三駕而得之乎

八年

春王正月公如晉

鄬之會不致十二月會正月即自會而如晉也

九年

冬公會晉侯宋公衞侯曹伯莒子邾子滕子薛伯杞伯小邾子齊世子光伐鄭十有二月己亥同盟于戲

襄公時惟二十六年會澶淵不致餘皆書至此會不致葢不及歸而春即會矣

十年

夏五月甲午遂滅偪陽

異時而不書晉滅魯亦與焉之辭也

冬盜殺鄭公子騑公子發公孫輒

盜乘釁而至者也苟無釁隙盜豈敢犯哉三子者不能佐時憂國日尋干戈何異負販小人而乘君子之器乎如此則盜之招也殺之何悔哉

戍鄭虎牢楚公子貞帥師救鄭

城不繫鄭王事也戍繫之鄭自我言鄭戍者魯受

晉命以戍之也舉會以槩諸侯也鄭新有諸卿之難晉人不哀而反戍以逼之此春秋所以書楚救也

十有四年

春王正月季孫宿叔老會晉士匄齊人宋人衛人鄭公孫蠆曹人莒人邾人滕人薛人杞人小邾人會吳于向

方鄭之未服也晉汲汲通吳至蕭魚以後晉無藉於吳而吳伐楚喪范宣子數吳之不德以退吳人

而吳自是不通晉矣至黄池乃爭强于上國方晉之未得鄭也屢駕而不怠自服鄭之後其君不復出矣遂委政于大夫悼之衰也

己未衛侯出奔齊

以自奔爲文見其自取不書臣逐之不以屨加冠也

秋楚公子貞帥師伐吳

徼怨而致敗

十有五年

劉夏逆王后于齊

經書劉夏逆王后于齊左傳謂官師從單靖公逆王后于齊葢以官師士也非卿也故云卿不行非禮也或以爲卿往逆公監之靖公得禮故不書而獨書劉夏若是則天子獨遣劉夏不遣靖公將何以别乎不知靖公乃單子之謚非三公之公也今據經文止是劉夏逆后爲非禮故譏之耳

夏齊侯伐我北鄙圍成公救成至遇

救陳而書至遇見公之畏齊又不敢救也

季孫宿叔孫豹帥師城成郛

城築二十有九大夫帥師而城者三見文襄之際

大夫張矣故帥師而城者皆三家也

十有六年

春王正月葬晉悼公

諸侯三月而葬非禮也

三月公會晉侯宋公衛侯鄭伯曹伯莒子邾子薛伯

杞伯小邾子于湨梁戊寅大夫盟

喪未五月晉侯不宜出會諸侯諸大夫亦不過以

之爲贅旒耳葢晉侯自不宜與盟而亦不當使大
夫盟

五月甲子地震

臣專政之應

十有八年

春白狄來

書來者不拂其善意不書朝不與行朝禮

秋齊師伐我北鄙

三年而齊五伐魯師競已甚

十有九年

公至自伐齊

魯非能獨圍齊故不書圍而書伐

鄭殺其大夫公子嘉

鄭討西宮之難當在十年之冬討純門之師當在去年當其時不能治也今乃以其專政而誅之坐以前罪非王法也

二十年

夏六月庚申公會晉侯齊侯宋公衛侯鄭伯曹伯莒

子邾子滕子薛伯杞伯小邾子盟于澶淵

澶淵何以不書同齊環見伐以憂死齊光新立而受盟豈其所欲哉不得已也

二十有一年

冬十月庚辰朔日有食之

比月而食史之誤也春秋書之其或甲戌已丑之類歟

二十有三年

陳殺其大夫慶虎及慶寅

不去其官慶虎非叛陳也及慶寅以慶虎而及慶寅也愬公子黃于楚者慶虎也虎倚楚而傾公子黃黃亦倚楚而求復國陳侯不能爲之左右焉何以爲國哉使楚人以爲討陳侯能自理其曲直黃不至奔楚以愬免楚雖強橫可以理諭是時內無大釁陳尚有以立國也今乃繼黃親往以京師視楚使楚圍已之國而殺二慶非君道矣既不能自立亦無賢輔卒以嬖子屬弟招致殺世子楚遂乘釁而滅之春秋書陳侯之弟黃出奔楚陳殺其大

夫慶虎及慶寅陳侯之弟黄自楚歸于陳陳鍼宜咎出奔楚後書陳侯之弟招殺陳世子偃師陳侯溺卒楚師滅陳則知二慶雖有罪而楚人威行陳國陳之貴戚與異姓之卿交藉外援以傾國家其生殺去留悉制于楚廢立存亡一聽于楚豈不大可哀哉

八月叔孫豹帥師救晉次于雍榆

宣其救之之聲而無其能救之實畏而次焉致其事大之禮焉爾

二十有四年

齊崔杼帥師伐莒

自古姦臣簒弑之禍未有不本於其君假之以權之重而任之久也趙盾崔杼皆假威弄權盟會侵伐無所不至其君信之深任之篤一旦變生肘腋而猶弗悟故聖人詳錄其漸凡一侵一伐必謹而志之以明兵柄倒持積而爲簒弑之禍故趙盾之將弑則先書其侵崇侵鄭之漸崔杼之將弑則先書其伐莒伐魯之漸易曰其所由來者漸矣可不

鑒哉

八月癸巳朔日有食之

又比月而食史之誤也

大饑

日食既而大水大饑比事以觀天應可畏矣

二十有五年

夏五月乙亥齊崔杼弑其君光

當時晏嬰雖不阿崔杼力不能討賊而亦不去諒

非孔子之所與也

衞侯入于夷儀

鄭伯突入于櫟以奪正名之也衞侯不名以不能待其大臣非所當名也

二十有六年

衞孫林父入于戚以叛

林父以剽見弑而叛不宜書叛然則叛者叛衞侯衎也叛衞侯衎而書叛則甯喜不宜書弑書弑君者甯氏君剽也此皆春秋原情定罪故兩君之也

甲午衞侯衎復歸于衞

衛侯出奔齊入夷儀皆以爵稱今復歸而書名何也以詐諼而復國其歸之道非所以歸也

公會晉人鄭良霄宋人曹人于澶淵

爲臣而討君故人趙武而公之會之者可知矣

二十有七年

夏叔孫豹會晉趙武楚屈建蔡公孫歸生衛石惡陳孔奐鄭良霄許人曹人于宋

使是會也趙武請楚去王號而與之會猶爲有辭惜也其偷也向戌眞周之賊臣也

秋七月辛巳豹及諸侯之大夫盟于宋

是盟也王官不出楚人先歃以王號臨之中夏不能振矣則是晉平趙武之偷也終春秋之世周不與楚通使猶有冠履之辨焉

三十年

冬十月葬蔡景公

蔡景公何以書葬爲之賊者世子也則彼固已成禮而葬矣魯往會之譏情禮之篤于賊般也

三十有一年

秋九月癸巳子野卒

襄公無夫人其娶與甍皆不見于經未知其故子野胡敬歸之子非適出也昭公敬歸娣齊歸之子也昭公娶吳故孟子之至不書定公之夫人亦不見于經哀公定姒出亦非適也後以公子荆之母爲夫人經亦不書

春秋解卷十一終

春秋解卷十二

仁和後學朱文藻輯錄

宋廬陵胡銓澹菴著

汝霖　隆造　盛諫　光熊　光廷
廷楝　禮宗　盛誨　盛柯　光烯
嗣裔　昶　宮梅　盛沙　鎮南　光烈編次
鼎霈　學山　盛椿　光笏
一堅　盛梧　盛檍　鏡川　光筍

昭公元年

叔孫豹會晉趙武楚公子圍齊國弱宋向戌衛齊惡

陳公子招蔡公孫歸生鄭罕虎許人曹人于虢

前年蔡弑父矣而諸侯之大夫謀宋災而不之問也去年冬莒人弑君矣而今年春諸侯之大夫尋偃兵之盟而不之問也季孫舉兵伐莒而經不書伐爲其非討賊乃爭鄆也嗚呼兵革不試而嬉然者皆不知有君父之人也果天心之所欲乎不書人何也一譏而已至此殆不足責矣

三月取鄆

觀取鄆則取鄟取邿取鄫可知

莒展輿出奔吳

展輿爲弑君者所立與聞弑君者也書莒展輿出奔吳猶宋萬出奔陳也奔吳罪吳也

冬十有一月己酉楚子麇卒

左傳載公子圍將聘于鄭未出境聞王有疾而還十一月己酉公子圍至入問王疾縊而弑之遂殺其二子幕及平夏右尹子干出奔晉或曰令尹圍弑君以立中國力所不加而莫能致討則亦已矣至大合諸侯于申與會者凡十有三國其臣舉六

王二公之事其君用齊桓召陵之禮宋向戌鄭子產皆諸侯之良也而皆有獻焉不亦傷乎若莒其僞赴正以弑君將恐天下後世以篡弑之賊非獨不必致討又可從之以主會盟而無惡矣聖人至此憫之甚懼之甚故畧其篡弑以扶中國如此言則是篡殺之賊弱小方可正名以定其罪篡弑之罪强大將奔走承令之不暇雖易世之後聖人執簡以從猶不敢不委曲以避其威而傳所謂身無存殁時無今古不可得而赦者徒爲虚語彼亂臣

賊子徜徉恣肆亦何所紀極乎是知春秋書楚子麇卒必其死于疾非死于弒也方楚麇未卒之時諸侯固以疑松栢之下其草不殖矣虢之會設服離衛紛紛而言者莫不知其將簒矣未幾而楚麇果卒令尹圍果立是以囂然有見弒之言然而春秋書卒必非弒也曰楚麇非弒則虔非簒矣曰非也殺其二子幕及平夏而自立則固簒也曰幕與平夏之死何以不書曰四夷之公子未誓爲世子也畧之而已

楚公子比出奔晉

比與虔兄弟也楚虔簒立而比出奔義之正也晉雖以羈待比以國底祿而比未嘗臣虔也特其後虔之君楚十二年矣而比不合乘亂竊入與之爭國耳乃或以爲楚虔不埽其墳墓不收其田里不繫纍其宗族未嘗錮之如欒盈而比又未嘗不向楚而坐如子鮮之于衞遂謂比猶爲虔之臣所謂求其說而不得又從爲之辭

二年

秋鄭殺其大夫公孫黑

黑固有可殺之罪然鄭因其疾而斃之不告于天子而專殺則一也

冬公如晉至河乃復季孫宿如晉

國君越國以弔人之妾恥也公之輕身如此宜其後之每至晉而見卻也

四年

春王正月大雨雹

雹之災多于夏月冬之雹不大也今正月乃子月

也而大雨雹變也

夏楚子蔡侯陳侯鄭伯許男徐子滕子頓子胡子沈子小邾子宋世子佐淮夷會于申

或曰不殊淮夷是在會之諸侯皆狄也是不然及以會（僖五年首止）尊王世子也會以及（哀十三年黃池）爲兩伯而殊蠻夷也會以會（成十五年鍾離襄十年于柤十四年于向）雖曰外之亦諸侯之志專在通吳也今淮夷從會也何足殊然則諸侯無貶乎曰楚子主會而弑父之賊次之是皆夷矣何論淮夷也

楚人執徐子

稱人以執非伯討也徐子不名無罪也

執齊慶封殺之

亦楚虔一事之善也

九月取鄫

鄫國也曷不言滅前此爲莒滅矣然則曷不屬之莒鄫非莒所得有先王之所建也且取鄆有例矣然則魯取之無罪乎曰魯取之而與滅繼絕則無罪矣

冬楚子蔡侯陳侯許男頓子沈子徐人越人伐吳

越稱人始通諸侯也若以善其從楚伐吳而進之

爲人則其義未之前聞楚稱子而帥諸侯徐越何

不可人之有

八年

陳人殺其大夫公子過

招殺太子而委罪于過故殺之

冬十月壬午楚師滅陳執陳公子招放之于越殺陳

孔奐

滅陳利其土也放招殺孔奐失刑也乘亂而滅之

先書滅後書葬惡楚也

十有一年

楚公子棄疾帥師圍蔡

不書蔡般而稱侯罪蔡人與之爲君諸侯與通盟

會也

秋季孫意如會晉韓起齊國弱宋華亥衛北宫佗鄭

罕虎曹人杞人于厥慭

蔡般弑父之賊前既不能討今般死而欲救蔡力

又不能而丐之于楚不智不勇不仁亦已甚矣按左傳鄭子皮將行子產曰行不遠不能救蔡也蔡小而不順楚大而不德天將棄蔡以壅楚盈而罰之蔡必亡矣知此會欲救而不順天心鄰國能料之亦無能爲也已

十有二年

晉伐鮮虞

鄭伐許而狄之未見春秋之意也考鄭許始終之仇而鄭之可狄無疑矣晉伐鮮虞而狄之未見春

秋之意也考晉始終利戎狄而棄諸夏則晉之可狄無疑矣

春秋解卷十二終

春秋解卷十二

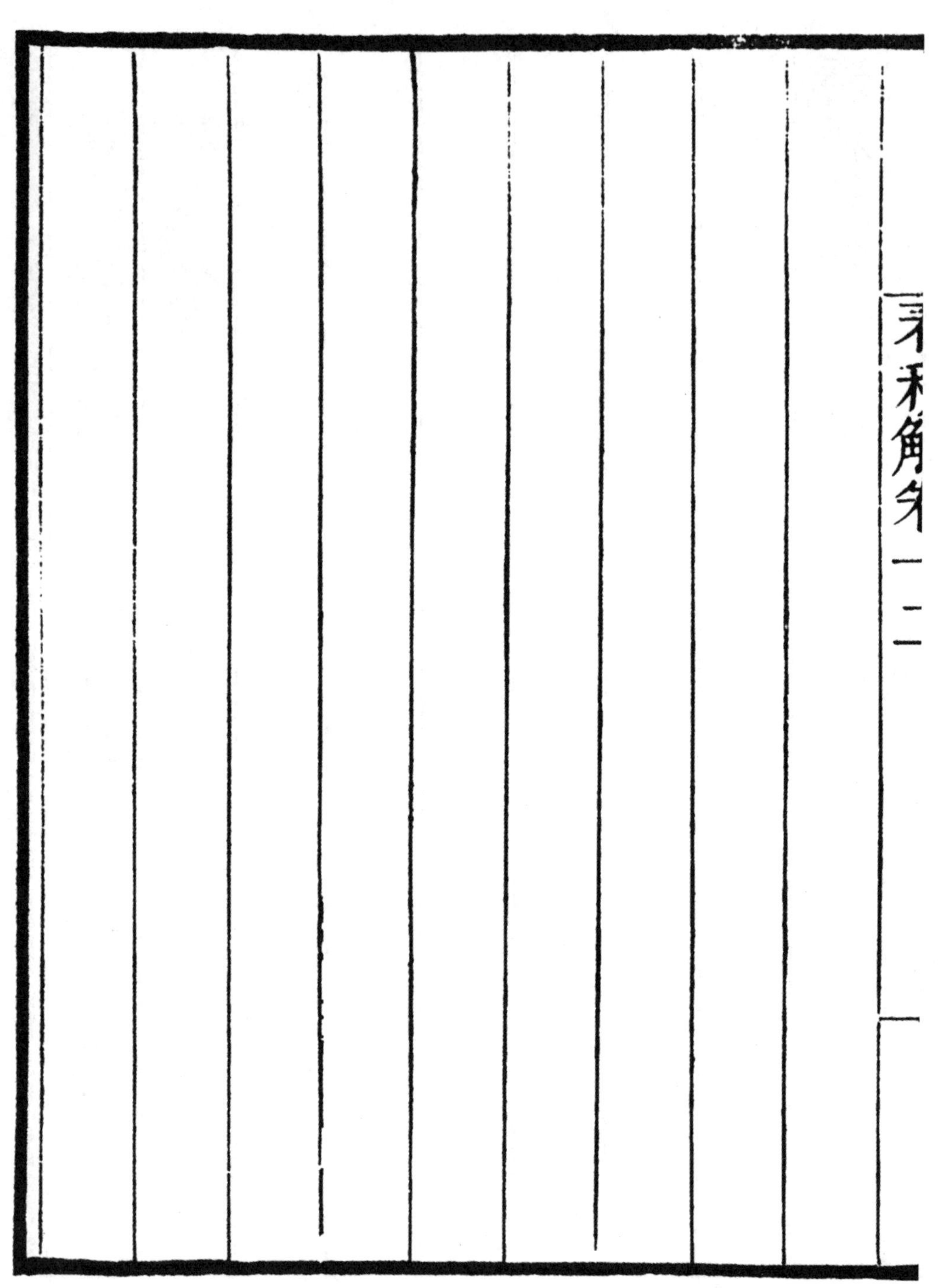

春秋解卷十三　　仁和後學朱文藻輯錄

宋廬陵胡銓澹菴著

廷棟　一堅　廷幹　鎭南　光燕
鼎顯　盛海　盛槐　盛榛　光簪
嗣裔　昶　宫梅　盛謙　盛梅　光烈編次
鼎霈　應鈞　盛本　盛祿　光烯
汝霖　學山　毓秀　光薰　光誼

昭公十有三年

夏四月楚公子比自晉歸于楚弑其君虔于乾谿

或以楚虔殺君之二子而簒立比以此出奔晉當不在臣子之例出亡之公子不當還爲國賊之臣何以春秋書公子比弑其君且君之子嗣君也乘君之薨殺嗣君而自立猶夫弑君也而反謂討弑者爲弑其可乎曰此殆未之思耳夫虔雖弑嗣君然于比爲兄而居君位者已十二年矣使比出奔之後以虔爲簒絶不與通至是入楚聲其罪以討之而已代爲君猶不免兄弟爭國之譏況本乘虛竊入初不仗義執言簒位之後一聞虔之復入則

惶怖自殺不過作賊巳耳使春秋以討賊之名予之無乃奬姦失實以亂易亂乎是以原情定罪正其爲竊國不正其爲討賊也

楚公子棄疾殺公子比

比實自殺而書公子棄疾殺公子比葢棄疾本與比同謀事成而廹之使殺非討賊也故不去其公子不予以討賊分罪之辭也言公子比既弑其君而公子棄疾又殺其兄云爾皆原情而定罪也

蔡侯廬歸于蔡陳侯吳歸于陳

楚子依陳蔡以竊國而陳蔡緣楚子以復封此出于陳蔡之自復而非楚子存亡繼絶之功也故不言自楚

冬十月葬蔡靈公

見蔡之猶有臣子也

十有四年

冬莒殺其公子意恢

據左傳公子鐸與蒲餘侯茲夫謀而殺之以逐郊公郊公不書微也

十有五年

秋晉荀吳帥師伐鮮虞

見其命上將用大師非予之也據傳鼓人請降荀吳使其民見曰猶有食色卻降而復攻之輕民之力以徼名此中行氏所以不世也

十有六年

楚子誘戎蠻子殺之

楚子之誘一也或名或不名者虔作俑于先棄疾襲迹于後也

十有七年

八月晉荀吳帥師滅陸渾之戎

書滅非予之也遷之可耳始遷陸渾于伊川罪也今而滅之殘也晉非爲王室驅戎也爲其貳于楚耳

十有九年

夏五月戊辰許世子止弑其君買

許悼公瘧飲世子止之藥而卒書曰弑其君非謂不嘗藥也止不知醫妄進藥而殺之也獄將焉歸

左氏曰盡心力以事君舍藥物可也

己卯地震

地震民不安也

二十年

夏曹公孫會自鄸出奔宋

會者子臧之子子臧讓國晉侯以子臧故赦負芻而復之此在曹當十世宥者今壹不免其子使之出亡以曹伯爲無恩矣善善宜長惡惡宜短此非舜典賞延於世之義也

秋盗殺衛侯之兄縶

凡作亂有欲篡國者則圖弑其君有欲執權者則除其大臣以脅其君而齊豹之志皆不及此蓋挾怨懷憤發泄爲亂者按其情事實盗而已故書盗

二十有一年

夏晉侯使士鞅來聘

責其牢禮至十一牢則不復人臣之禮而晉之卿自此亦不復聘魯

冬蔡侯朱出奔楚

楚虔誘殺蔡般執用蔡有蓋蔡君不共戴天之讎朱乃殄而親之惡何可言哉

二十有二年

宋華亥向寧華定自宋南里出奔楚

盜有恃也楚爲之援也

劉子單子以王猛居于皇

王繫以猛定位也嫌疑之際呂端舉簾審視真宗而後拜者此也

秋劉子單子以王猛入于王城

以者不以者也再書劉子單子之以王何也時方多故王在喪欲左欲右皆聽乎二子故曰以也倉卒處變美惡不嫌同辭非二子則王猛居廬號令安所從出也

劉子單子卿大夫之執政者也而但書曰子尹氏召伯毛伯以子朝出奔楚則毛召皆稱伯疑東遷以後王畿地小雖執政者不能封以視侯視伯之采地而止以子爵加之若毛召祭周皆西周之舊爵也單子自伯降者也

冬十月王子猛卒

或疑未踰年之王當稱薨今書卒何也禮稱天子之元子士也此當喪未君以元子卒之也

二十有三年

天王居于狄泉

至是踰年矣書曰天王居于狄泉無待乎以矣

二十有四年

冬吳滅巢

此讎也不予其滅國復讎不除害

二十有五年

夏叔詣會晉趙鞅宋樂大心衛北宫喜鄭游吉曹人邾人滕人薛人小邾人于黄父

二十二年六月王室亂冬晉使籍談帥師納王猛于王城二十三年春晉人圍郊郊鄩潰而師還豈尚不知曲直乎至二十四年乃使人涖問周故越一年而會黄父又越一年周告急而出師何其緩也

有鸜鵒來巢

語云野鳥入室主人將去則此鸜鵒之來所謂異
鳥入國亦主君將去之象也

十有一月己亥宋公佐卒于曲棘

齊侯將納公子猶請齊侯待于曲棘使羣臣從魯
君以卜若宋地則齊侯不當至宋此葢齊地也

十有二月齊侯取鄆

齊修方伯之職當聲其罪而討意如以納公于魯
可也何取乎一邑取鄆見納公之不力也

二十有六年

三月公至自齊居于鄆

鄆爲齊取則齊地也仍書至自齊不以鄆繫齊齊爲公取也

冬十月天王入于成周

入難詞

尹氏召伯毛伯以王子朝奔楚

書尹氏以族奔也

二十有八年

公如晉次于乾侯

公棄晉而即齊久守齊而無成乃如晉晉人曰君不使一个辱在寡人而即安于甥舅其亦使逆君嗚呼早從子家羈豈至是乎

二十有九年

春公至自乾侯居于鄆齊侯使高張來唁公

齊侯唁公誚之也人求于我而我不能救彼乃望救于他人則從而誚之可乎書來唁譏也

三十有一年

晉侯使荀躒唁公于乾侯

力所不及唁之可也不欲納之而又唁之無實之文何爲

冬黑肱以濫來奔

後世之盜如聶政荆軻以此得名者有之矣左氏之説非誣也

三十有二年

春王正月公在乾侯取闞

公無兵力而可以取闞者見闞人猶不忘舊君而不敢拒也

春秋解卷十三終

春秋解卷十四

仁和後學朱文藻輯錄

宋廬陵胡銓澹菴著

汝霖 隆造 盛諫 光熊 光廷

廷棟 禮宗 盛誨 盛柯 光烯

嗣裔 昶 宮梅 盛沙 鎮南 光烈編次

鼎需 學山 盛椿 光笏

一堅 盛梧 盛檍 鏡川 光篃

定公元年

三月晉人執宋仲幾于京師

諸凡公卽位皆在正月則書春王正月公卽位若正月無事則書春王二月春王三月者多矣唯隱莊二公元年正月無事先書春王正月又書三月見此二公正月非無事其實正月卽位而春秋削其卽位之文也今定公正月不能卽位至夏六月乃卽位則正月本無事秖當書春王三月非仲尼削之故公羊曰定無正月者卽位後也卽位後則定無正始可知矣

二年

冬十月新作雉門及兩觀

雉門本諸侯之門也但諸侯雉門不設兩觀兩觀僭也明堂位言庫門天子皐門雉門天子應門是魯之庫雉僭天子皐應之制書新作者必非周公之舊矣穀梁曰有加其度也夫門觀遇災其前有過制者尚宜貶損可更加其度乎

三年

冬仲孫何忌及邾子盟于拔

邾莊公卒未踰年而邾君出盟邾固可罪何忌與

之盟又甚焉君子不奪人之親亦不可奪親也何忌不顧邾子之喪而與之盟奪人之親邾子當喪而出盟奪親也

四年

三月公會劉子晉侯宋公蔡侯衛侯陳子鄭伯許男曹伯莒子邾子頓子胡子滕子薛伯杞伯小邾齊國夏于召陵侵楚

據左傳以祝鮀之言乃長衛侯而經仍先蔡侯不知何故自宋之會晉楚罷兵晉既偷安楚亦侈縱

兩國俱敗從楚之諸侯蔡陳許頓胡不勝其忿而求合于晉不知從晉之諸侯其離心亦久矣於是吳突然而來爭伯上國卒亦驟滅戰國之勢成矣

五月公及諸侯盟于皐鼬

盟皐鼬不序諸侯略之也何以不書同劉子不與故也

劉卷卒

公與劉子方會于召陵天王使人來訃故卒之也畿內諸侯何以直稱名疑劉下脫一子字

庚辰吳入郢

僖二十八年春晉侯侵曹三月丙午入曹文十五年六月晉郤缺伐蔡戊申入蔡皆書國此不書入楚而書入郢蓋楚地廣故以其都言之

六年

春王正月癸亥鄭遊速帥師滅許以許男斯歸

鄭之世與許仇亦可惡矣

季孫斯仲孫忌帥師圍鄆

復欲取鄆也

晉士鞅帥師侵鄭遂侵衛

書侵以伯主無辭可執爲侵掠之事而已

從祀先公

從祀順祀也初躋僖公爲逆祀至是而始順祀其意雖逆而理則順也

十年

春王三月及齊平

前此魯數侵齊齊數伐魯至是與齊釋怨相平而齊受之故書及

宋公子地出奔陳

宋公弟辰雖以兄稱地未必宋公之親弟故不稱弟

十有一年

宋公之弟辰及仲佗石彄公子地自陳入于蕭以叛

出奔書暨緩辭也出奔非所欲也入叛書及急辭也汲汲乎欲入以叛也

冬及鄭平叔還如鄭涖盟

此時孔子在魯知晉不足事況睦鄰好非叛晉也

十有二月公圍成公至自圍成

圍成大都出于定公之意孔子必不主此盟也圍成弗克而止者猶伯禹之征苗三旬逆命而班師蓋夫子爲司寇不欲以兵服之耳昭十三年叔弓圍費定十年州仇何忌圍郈二家固以患之矣故夫子一言而叔孫墮郈季孫繼之從其欲也孟氏之成則未有叛者而公斂處父爲之密謀遂不肯墮夫子固不汲汲也魯世家以攝相歸女樂皆十二年事明年築囿大蒐與墮都之意不侔則孔子

已行矣

十有三年

春齊侯衛侯次于垂葭

始次五氏繼次垂葭又次蘧篨入君者篤恭廟堂而四境無不理者也今乃伺候人之邊境乘間而侵略闔師出而亟遁此臧孫所謂抑君似鼠者豈獨一齊光而已乎

秋晉趙鞅入于晉陽以叛

據左氏則趙鞅之據晉陽拒范中行氏也不可謂

叛經書叛者何觀荀躒之言曰三臣始禍而獨逐鞅刑已不鈞矣然則所謂叛必拒君命也君命逐鞅鞅不出奔而往據晉陽百雉之城出其藏甲而抗守焉非叛而何若同列之臣不以君命討鞅鞅義當拒之反加以叛未之前聞

晉趙鞅歸于晉

先書晉趙鞅入于晉陽以叛見鞅據地舉兵以拒晉也次書晉趙鞅歸于晉見君許之還也大夫出奔書歸者君受之也書入者臣自入也今鞅大惡

已著但以君許之歸故書歸責在君也

十有四年

秋齊侯宋公會于洮

是時齊欲救范氏而要宋宋有公子辰之變不能不求合于齊故有洮之會

宋公之弟辰自蕭來奔

始終稱宋公之弟叛矣而不以賊書罪宋公而原辰之情見宋公失兄之道也書自蕭罪辰據邑以叛也書來奔罪魯納叛臣也

丁巳葬我君定公雨不克葬戊午日下昃乃克葬

禮惟庶人之葬不爲雨止

辛巳葬定姒

襄公之母謚曰定姒哀公之母不應亦曰定姒世數未遠而重稱者葢成公之妾別自立謚不知其後也定公之妾則不別謚而從君稱之耳

春秋解卷十四終

春秋解卷十五

仁和後學朱文藻輯錄

宋廬陵胡銓澹菴著

廷棟　一堅　廷幹　鎮南　光燕

鼎纈　盛海　盛槐　盛椟　光簪

嗣裔　昶　宮梅　盛謙　盛梅　光烈編次

鼎霈　應鈞　盛本　盛祿　光烯

汝霖　與山　毓秀　光薰　光誼

哀公二年

春王二月季孫斯叔孫州仇仲孫何忌帥師伐邾取

漷東田及沂西田癸巳叔孫州仇仲孫何忌及邾子盟于句繹

按晉伯既衰列國分爭魯恐不能自立發憤并小不復顧體有得寸得尺之意

夏四月丙子衛侯元卒

當時靈公欲立郢當召三卿而命之以蒯聵棄父出奔義不可立將以郢承嗣則嗣定矣今乃私語於郊囑於夫人而大臣不之知此郢之所以辭也衛大臣見蒯聵在晉親於簡子知其必來爭國以

爲立其子庶免于爭而不知其益不順也

晉趙鞅帥師納衛世子蒯聵于戚

世子背父出奔是非復世子也然而靈公無廢之之命而其子得立是世子之位未絕也無世子安得有世子之子是春秋之書世子緣輒而生此文也

秋八月甲戌晉趙鞅帥師及鄭罕達帥師戰于鐵鄭師敗績

鄭罕達釋君而臣是助何以書趙鞅及之按左氏

齊人輸范氏粟鄭子姚子般送之非與晉戰也而趙鞅帥師邀之故以鞅主此戰其干戈省厥躬之意乎

三年

五月辛卯桓宫僖宫災

哀公之時所宜祀者太廟周公世室伯禽之外成襄昭定而已上及高祖則至宣而已昭定爲以弟繼兄宣公爲哀公高祖故桓僖毁廟也

四年

蔡公孫辰出奔吳

辰公孫翩之黨也其出奔也猶宋萬出奔陳公子慶父出奔莒莒展輿出奔吳

宋人執小邾子

無伯也

五年

閏月葬齊景公

閏月不可葬閏月而葬非禮也子弑國亡亦可驗矣或言漢文以閏月即位而安何也曰漢初之歷

多差日食在晦其閏未必當也

春城邾瑕

瑕邾邑也而城之著侵奪也

七年

秋公伐邾八月己酉入邾以邾子益來

內惡直書而不諱春秋公魯于天下也以邾子益來歸邾子益于邾雖欲掩之焉得而掩之

八年

春王正月宋公入曹以曹伯陽歸

虞公不名而曹陽名事有不同

吳伐我

不書四鄙非一鄙四郊多壘卿大夫之恥也況城下之盟乎春秋之時以爲最辱故爲國諱恥

夏齊人取讙及闡歸邾子益于邾

三卿並將取邾之田國君自將虜邾之君壓于强鄰不得已而歸其甥焉至于陳恆弑君夫子沐浴而請討若弗聞也豈非畏强凌弱惡之甚乎先書吳伐我又書齊取二邑然後書歸邾子于邾則是

畏吳懼齊而歸之也或曰定哀之間多微辭吾未見其微也

九年

宋皇瑗帥師取鄭師于雍丘

一軍皆見禽殘民之甚然鄭罕達之寵嬖人而輕其師罪又甚矣

十年

公會吳伐齊三月戊戌齊侯陽生卒

左傳稱公會吳子邾子郯子伐齊南鄙師于鄎齊

人弑悼公赴于師吳子三日哭于軍門之外或言齊侯歸讙及闡辭師于吳得變之正爲中國禮義之君無不善之責故以卒書而沒其見弑夫賊無主名不特使弑君之賊得逃其誅而并不見其迹則彼商臣華督之流何獨不幸而弑一不善之君使千載蒙其惡名若弑一賢君則罪必可逃矣此與鄭伯髡頑如會楚子麇卒之傳皆大義不明誠不能無疑焉者彼陳乞弑其君荼見于春秋陳成子弑簡公見于論語使悼公而果弑亦何嫌何疑

而爲之曲諱況悼公昧伯夷之義爭國以弒先君之愛子亦未嘗無不善之積亦安見爲禮義之君然則傳文非乎曰經以爲卒則是卒而已矣

衛公孟彄自齊歸于衛

據左氏定十四年奔鄭自鄭奔齊哀十五年復出奔齊在經後

十有一年

五月公會吳伐齊

艾陵不致疑闕文也

十有二年

春用田賦

按古一井八夫六十四井爲五百一十二夫出三甲七十五人若公重車二十五人是共出百人成公作丘甲向增一十五人固已多矣今又以爲不足計田而賦稅畆譏初後以爲常也作丘甲用田賦一時之徼政然猶望其改故不書初

十有三年

冬十有一月有星孛于東方

此齊亡之徵也

十有四年

春西狩獲麟

麟鳳龜龍謂之四靈龜皇之瑞象冬陽之伏龍帝之瑞象春陽之發鳳王之瑞象夏陽之章麟霸之瑞象秋陽之啓受天地之中以生所以用四靈也龍初潛後飛鳳爲飛鳥麟則不能飛矣而走龜則不能走矣而伏猶四氣之迭至鳳鳥不至龍圖不出而獲麟孔子所以歎也狩郎狩禚比蒲昌間

莫不皆地而藪麟不地書曰西狩麟自西至也非麟之爲霸道也霸者治世而神龍降精伏于黄牛以牛之順化龍之健不能主物而師物非其象乎儒之爲道以伸爲屈聖人絕筆于此意可知也

春秋解十五卷終

紹興五年五月高宗設賢良方正科詔中外侍從之臣各舉能直言極諫之臣一人于是兵部尚書呂祉以籍溪先生薦奏狀略云胡某自少年登甲科[illegible][illegible]田里日從鄉人蕭楚學春秋歷考前代治亂多識前言往行試而用之必有可觀是年九月降指揮令繳進詞業七年六月繳進除樞密院編修官時蕭氏沒已數年其學始大行於世其後罷官嶺表險阻艱難而蕭氏之書未嘗一日去手朝夕肄業所得綴集成易

禮記春秋傳又自癸未夏迄辛卯秋四入經筵每顧問及經學則對曰蕭某實臣之師得旨進羣經傳一經六目則蕭氏之學皭然愈光云云語詳先生所撰蕭先生春秋經辨序据此則先生一生學問今得蕭氏之傳而蕭氏一生學問又全得之胡氏愈見先生之得力於春秋也宋史藝文志有先生撰春秋集善十三卷本傳但稱春秋解藏祕書省周必大撰神道碑作春秋集善三十卷恐史志訛也蕭氏之書幸從永樂

大典錄出[illegible]先生之書久而無聞今賢裔炎亭先生作尉餘杭其封翁築夫先生就養浙中留心購訪偶得一舊鈔本題曰集解不著編輯姓氏所引諸[illegible]穀而外旁及杜氏啖氏胡氏趙氏諸儒但注其氏於下獨引先生之說則注曰邦衡蓋以別於康侯之傳也得之狂喜亟以示藻因析出錄之釐爲十五卷既不可復名集善但從本傳題曰春秋解細繹卷中凡涉尊王黜霸盟會爭地大夫擅命三致意焉知人論世可

以諒先生之志矣蓋先生抗疏論和議之非而謂中原可復忠言讜論取忌時宰雖遭流竄恬然不以介意卽得力於春秋之驗而以是書証之詞旨脗合矣讀

欽定春秋傳說彙纂中引是書凡二十餘條間有詳略則先生是書

祕府尚有善本人間絕少流傳僅從斷簡殘編爬梳剔抉以顯於世不可謂無啓牖之靈也當時節錄此書必非全本然已所得過望遂郵書旭齋

吾廬陵兩先生釀貲授梓倘因賢裔用心而更由是以溥其分則先生日星之光所以式憑於後人而顧嘉惠來學者固自有待區區望蜀之忱殆無已也

乾隆五十二年丁未孟冬月朔後學朱文藻識

周禮解

附儀禮一則

周禮解目錄

卷一　天官二十七則
卷二　地官十八則
卷三　春官三十八則
卷四　夏官二十七則
卷五　秋官二十三則
卷六　冬官十五則
附　儀禮解一則

周禮解錄

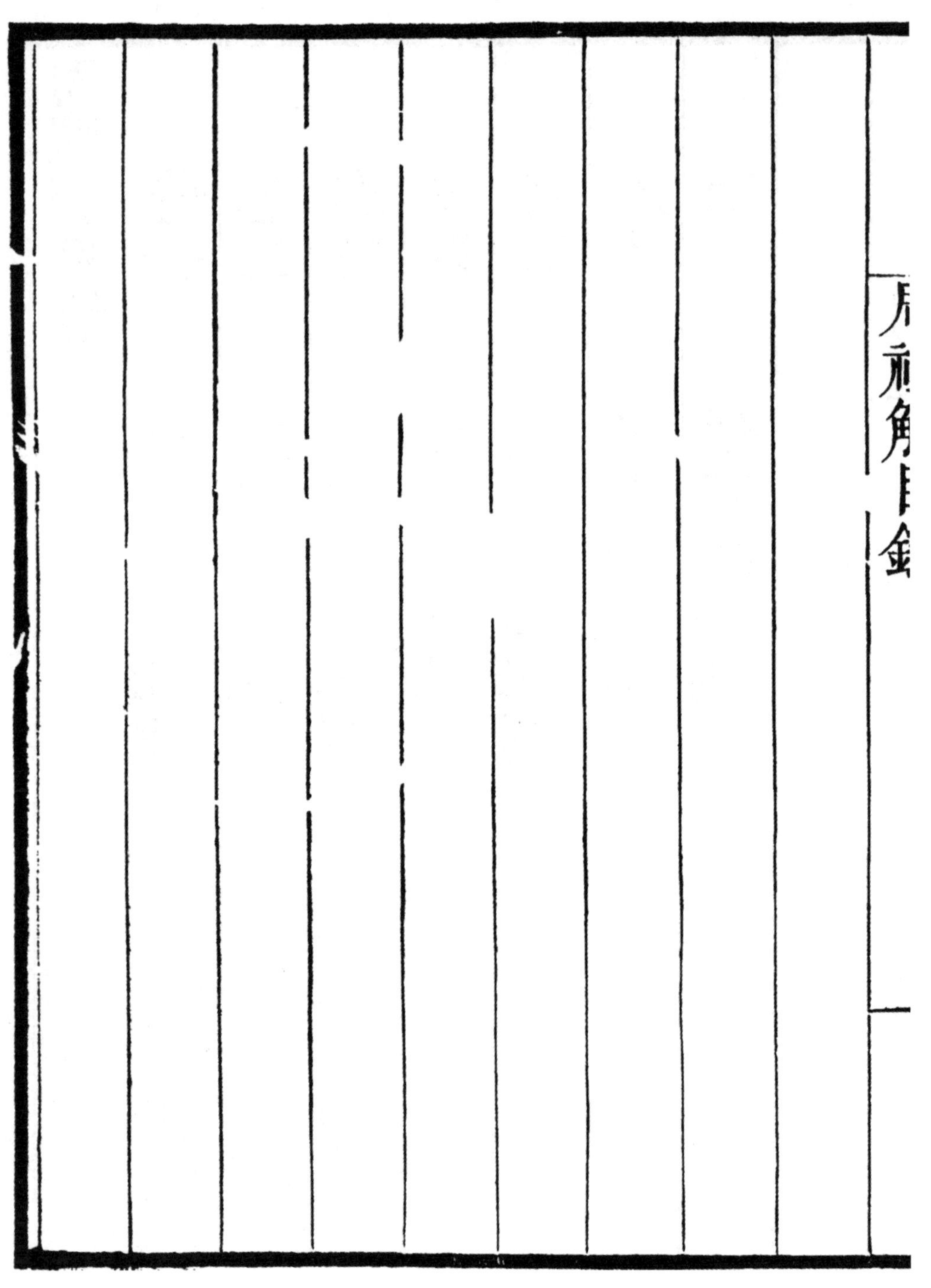

周禮解卷一

仁和後學朱文藻輯錄

宋廬陵胡銓澹菴著

廷棟　一堅　廷幹　鎮南　光燕
鼎顯　盛海　盛槐　盛梗　光簪
嗣裔　昶　宮侮　盛詠　盛梅　光烈編次
鼎霈　應鈞　盛本　盛祿　光烯
汝霖　學山　毓秀　光薰　光誼

天官冢宰

大宰

一曰治典以經邦國以治官府以紀萬民

治典言無所不治也他如邦國官府百官萬民曰安教擾曰和統諧曰平正均曰詰刑糾曰富任生亦各就其所掌之事言之若大宰則曰經邦國治官府紀萬民經是經理之治是平治之紀是紀綱與諸卿不同

八曰田役以馭其衆

馭如馭馬之馭凡馬之疾徐使之齊一皆聽馭者揚子所謂馭得其道則天下狙詐咸作使御失其

道則天下狙詐咸作敵有天下者當審所御而已

四曰使能

古者長民之官多用民間自推擇如五家為比有比長即是五家中自推一人朝廷因爵以下士命之為比長五比為閭有閭胥亦是二十五家中自推一人朝廷因爵以中士命之為閭胥此即進賢使能也人主進賢使能天下知賢者可尊能者可貴而自勉於善矣

七曰達吏

上曰賢能是未仕者此曰吏是已仕者

以九賦斂財賄

漢法有口賦有算錢皆仍秦弊會民出泉非即周之九賦也周用泉布所以制百物之低昂上而供邦用則有外府下而通民用則有泉府出入則有法斂散則有權衡於制賦之法不過因地之所有而令之九賦之中惟關市之賦司門司市之所入用泉布其餘所謂斂財賄者皆非泉布之入而關市之賦亦非若漢之口率出泉若口率出泉則是

有賦而又有税也孟子曰有粟米之征有布縷之征有力役之征粟米之征即田賦也布縷之征即山澤所貢絺葛草貢之材而成於嬪婦之化治也山澤所貢以之當邦賦則無田租矣力役之征只以六尺七尺之上下而爲力役之多寡非如漢之更錢隋唐之庸錢也

一曰牧以地得民

漢諸侯王自景武以後若寄居然唐之藩鎮又舉五侯九伯汝實征之之事而付之世襲皆非古者

牧伯更代諸侯世襲之善法

五曰宗以族得民

五服上盡高祖旁盡三從則疏遠者忘之矣故立大宗以承其祖五世外族人皆合之宗子之家序以昭穆是始祖常祀而同姓常親也

小宰

令于百官府曰各修乃職攷乃灋待乃事以聽王命其有不共則國有大刑

修乃職各修所治王宫中之職也不共其職則國

有大刑以宫刑宜嚴於官府今律宫殿中所坐比常法有加亦此意也

宰夫

小喪大喪掌小官之戒令帥執事而治之三公六卿之喪與職喪帥官有司而治之凡諸大夫之喪使其旅帥有司而治之

王制曰大夫廢其事終身不仕死以士禮葬之春秋猶有此制臧哀伯死葬之加一等共仲孟穆伯則降之范獻子葬魏舒去其柏椁趙孟自誓柏椁

三寸不設屬辟其禮必自上制之也

宮正

宮正掌王宮之戒令糾禁以時比宮中之官府次舍之衆寡爲之版以待

宮伯宮正所掌總於冢宰春秋猶存此意楚潘崇爲之師掌環列之尹至漢則宮伯所掌者謂之兵衞屬之衞尉太僕惟掌天子輿馬及扈從至於羽林次飛之屬乃隷於光祿勳爲天子私人於是宮職分散矣

膳夫

膳夫掌王之食飲膳羞以養王及后世子

宮正宮伯之下即以膳夫掌飲食之官系之古人之意深矣飲食男女人之大慾存焉須撙節之飲食之共皆得其正君心安有不正乎若無常制則縱欲不已唐時貢荔枝置遞鋪死者相屬於道豈不大爲民害

亨人

祭祀共大羹鉶羹賓客亦如之

荀子曰大享先大羹貴飲食之本也使人人知本安有暴殄天物者哉

𩰫人

𩰫人掌以時𩰫爲梁

不獨魯宣公夏濫于泗淵爲非時隱公矢魚于棠臧僖伯諫之不從亦以其非時也

鼈人

祭祀共蠯蠃蚳以授醢人

宣公濫于泗淵里革以古制蟲舍蚳蝝爲仁而何

以周公反以蚳醢爲禮葢宜公夏濫非時也周公以蚳醢以時取之也

獸醫

獸醫掌療獸病療獸瘍

獸醫大都爲牛馬而設引重致遠賴其力而施之以仁漢之張里以馬醫而擊鍾黃憲乃牛醫之子即周制也

凌人

夏頒冰掌事秋刷

春秋左氏傳曰在北陸而藏冰西陸朝覿而出之杜預以西陸爲三月日在大梁之次是時蟄蟲已出有溫暑宜用冰鄭氏泥於夏須冰之言以西陸爲四月不知四月立夏則日在實沈之次轉行南陸非西陸矣

掌舍

凡舍事則掌之

漢世帝王好微行遊畋射獵晨出夕還如武帝自稱平陽侯而見呵止於鄠杜非先王設掌舍之意

矣

大府

大府掌九貢九賦九功之貳以受其貨賄之入頒其貨於守藏之府頒其賄於受用之府

大府爲府藏長司會爲會計長隸之天官其權足以相檢括自漢張蒼罷計相後會計之官皆司農屬官爲之姦弊乃不敢發矣

凡式貢之餘財以共玩好之用

玩好之用者非以供耳目之玩也宗廟之鎮器天

府之守器諸侯之分器皆取于是以其可玩也故曰玩好非然者則幾於漢桓靈之置私庫而唐世受四方羨餘且裴延齡之欺罔得以行矣

玉府掌王之金玉玩好兵器凡良貨賄之藏

王者以天下爲家貢賦之入無彼此之殊故帑藏之在宮中者而列於大府之下與凡治藏之官無異若漢靈帝作西園萬金堂聚爲私藏非先王之法也

若合諸侯則共珠槃玉敦

合諸侯共歃血之器衰世之事也哀公會齊侯于蒙孟武伯問高柴以執牛耳之事季羔曰鄭衍之役吳公子姑曹發陽之役衞石魋是也周公盛時何以設官共此器蓋盛者有時而衰合者有時而散聖人爲後世慮遠矣

司會

以九貢之灋致邦國之財用以九賦之灋令田野之財用以九功之灋令民職之財用以九式之灋均節邦之財用

職在會計掌其貳生財之術悉稟諸大宰漢高帝時以柱下史張蒼爲計相領天下之財猶與周之司會相近本朝奉宸庫乃周之玉府也內藏庫周之內府也左藏庫周之外府也渡江以來又置激賞庫即南庫是也凡天下金玉之物皆歸奉宸山澤鹽鐵之賦皆歸內藏其他非泛所入一歸南庫至於天下戶口租入歸之戶部是分周之三府爲四府而權不歸一矣

司裘

司裘掌爲大裘以共王祀天之服
司裘之職凡皮毛齒革皆掌之亦是財賦所屬而屬大府猶今之軍器監屬户部也

內宰

凡建國佐后立市設其次置其敘正其肆陳其貨賄出其度量淳制祭之以陰禮
周制國君夫人世子命夫命婦過市皆有罰所以別朝市辨義利分貴賤也若內宰佐后立市市井之令出於房闥之中此漸不可長不知禮意果安

在乎

九嬪

九嬪掌婦學之灋以教九御

九嬪以下內職也使之附屬於冢宰而天官內宰春官世婦又得以參檢其事後世一女專恣而公卿附離之不暇尙何冢宰之能率乎漢高戚夫人子留侯曰骨肉之閒雖臣等百人何益袁盎却謹夫人坐文帝怒說以人彘乃從之此猶大臣得與內事之證

女祝

掌以時招梗禬禳之事以除疾殃

古人通天人徹幽明動則有祭外朝有師巫男巫女巫內朝有女祝所掌者類後世淫祀祈望非福先王不以爲不可必設官以掌之者葢修人事以交三才之道也後世若秦皇漢武之求神仙梁武之奉佛法則不修人事祈望非福非先王事神之本意故世儒疑此爲與漢世女巫執左道入爲厭勝者相類殆未察也

屨人

屨人掌王及后之服屨

屨人在追師之後古人賤屨而貴冠所以明上下之分傳曰屨雖新不加於冠

周禮解卷一終

周禮解卷二　　仁和後學朱文藻輯錄

宋廬陵胡銓澹菴著

汝霖　隆造　盛諫　光熊　光廷

廷楝　禮宗　盛誨　盛柯　光烯

嗣裔　昶　宮梅　盛沙　鎮南　光烈編次

鼎霈　學山　盛椿　光笏

一堅　盛梧　盛檍　鏡川　光筍

地官司徒

大司徒

日至之景尺有五寸謂之地中天地之所合也四時之所交也風雨之所會也陰陽之所和也然則百物阜安乃建王國焉制其畿方千里而封樹之

大司徒之職周公記其作洛邑之制也洛邑爲天地之中天不足西北地不足東南有餘不足皆非天地之中土播於四時一時之氣不至則偏而爲害風散雨潤偏於陽則多風偏於陰則多雨惟得天地之中然後天地於此乎合四時於此而交通陰陽和而風雨以序無乖戾之氣無疵癘之災有

生者遂有形者育萬物阜安以之建國適其所矣

周公之制繫人思哉

凡建邦國以土圭土其地而制其域諸公之地封疆方五百里其食者半諸侯之地封疆方四百里其食者參之一諸伯之地封疆方三百里其食者參之一諸子之地封疆方二百里其食者四之一諸男之地封疆方百里其食者四之一

先儒謂周公斥大九州更置五等妄也强幹弱枝之道雖聖人不敢廢今天子之畿方千里謂之萬

乘而內諸侯頒食采於其中顧於方五百里封公可乎職方之制曰凡邦國千里封公則四公男則百男葢假設言之以是爲建國之率假如九州州方千里大之封公不過四國小之封男雖至於百男可也是謂衆建而小其力苟如先儒之言則漢七國唐藩鎮之禍作於周久矣

十有二曰除盜賊

凶荒而除盜賊防其嘯聚爲民害也傳曰牧民如牧羊當去其敗類者信然

以鄉三物教萬民而賓興之

周制賓興之目不一而足三物者曰德行藝而三物又各析而爲六曰知仁聖義忠和曰孝友睦婣任恤曰禮樂射御書數惟恐全才難責苟得其一足以自進此天下所以無遺材之恨葢科目之最廣者莫詳於周矣是古非今者欲屏去後世之科目而復還古人里選之制殊不知所以來天下之才者正欲其科目之廣也

鄉師

凡四時之田前期出田灋於州里簡其鼓鐸旗物兵器修其卒伍

田法雖掌於司馬而預以告民則在鄉師於未田之先使之簡其巳弊者去之修其或廢者新之則鼓鐸旗物無不可用伍兩卒伍無有或闕唐明皇初元講武驪山召兵二十萬旗亘五十餘里以軍容不整斬唐紹而郭元振以有功俾免夫即位之初號令未明紀律未定遽欲閱兵而怒斬其官何異驅不教之民而使之戰也

鄉大夫

鄉大夫之職各掌其鄉之政教禁令

周制三公統六卿各治其一以倡九牧故周公畢公以太師保釐東郊而召公以太保率西方諸侯蓋二伯兼鄉老者春秋時宋貳師令鄉司徒令隧管仲爲齊士鄉十五公與高國各率其伍雖損益非古而列國孤卿猶董鄉事

載師

以廛里任國中之地以場圃任園地以宅田士田賈

田任近郊之地以官田牛田賞田牧田任遠郊之地以公邑之田任甸地以家邑之田任稍地以小都之田任縣地以大都之田任畺地

古人以公田養士大夫之家仕宦於朝則有常祿漢制則雖至關內侯亦未嘗有地二千石以下皆受穀于司農唐室無賦祿之制但令以房廊錢自給終唐之世實封有戶者不過幾人本朝太祖始立祿格神宗時又有俸錢供給錢之制然其無收處令州縣供給仰給於公使庫如不能辦則又將

軍資庫錢制而用之是軍資公使庫合而爲一也凡任地國宅無征園廛二十而一近郊十一遠郊二十而三甸稍縣都皆無過十二唯其漆林之征二十而五

海內之地方千里者九以其一爲畿內畿內之地方百里者百以其一爲郊內此天子所自有誠非自封殖以縱其欲徒以具百官成六軍受四方會朝焉耳等而下之公侯伯子男其君毋過十卿祿大小相維而不相殊絶是之謂均苟不均則自天

子達諸侯不得專有之是故山澤不以朌釆地之內有漆林焉則倍蓰其征虞衡雖王官然其歲入非喪紀勿用九州川浸澤藪名在職方不屬諸侯之版而詩不以圃田繫鄭春秋不以沙鹿繫晉畧可覩矣周衰諸侯始擅不朌之利齊斡山海桃林之塞郇瑕之地晉實私之甚者至周歲貢百二十金於魏以易溫圃秦人痛懲之罷侯置守以養千八百國之君者養一人而山澤陂池之入特爲禁錢屬少府由是人主獨富强而郡縣單弱天下之

禍起於匹夫久近之勢殊亦田制度之寖失也

遺人

凡賓客會同師役掌其道路之委積凡國野之道十里有廬廬有飲食三十里有宿宿有路室路室有委五十里有市市有候館候館有積

周禮一書經國之用具於九式而軍旅無與蓋所以藏富於民而不明民以用武攷之於詩疆埸有積倉之具徹申伯土疆以峙其糧左氏亦云衞取於相土之東都以會王之東蒐其見於春秋者齊

侯之師陳鄭共其資糧屝屨晉入楚境輒得館穀其後王綱解紐官守曠紊諸侯私治其財自用其兵以至京師之饑告饑於列國之晉然後先王之政掃地矣

師氏

凡國之貴游子弟學焉

古者取士先國子次俊造傳言魯公之子伯禽衛康叔之子牟齊太公之子伋俱事成王而宣王欲得國子之能訓導諸侯者樊穆仲以魯侯對畧可

覩矣猶以爲未廣則鄉黨賓賢邦國貢士是謂俊造追漢世設左官之律凡仕於諸侯者皆左遷也且不得宿衛大樂律曰除吏二千石到六百石關內侯到五大夫以爲舞人而諸侯子弟不與焉國子分內外於是乎始

調人

凡殺人而義者不同國令勿讎讎之則死

曲禮曰父之讎弗與共戴天兄弟之讎不反兵交游之讎不同國檀弓子夏問孔子居父母昆弟之

讎意亦類此然後知復讎一事其重如此今周官調人之職乃使其父兄師長之讎皆有所辟則是禮經教人殺人而調人縱惡容姦者矣葢禮記主爲復讎之人言周禮主爲人讎之人設且調人之和難乃過殺人者耳非過殺人者自許以復讎也其所和者在於過而其所不讎者在於義調其過與義者乃所以順其情也故公羊子曰父不當誅子復讎可也父受誅子復讎此是爲子之道此雖論有司之事與調人之職語異而意同其讎之可

復與不可復亦視其當殺與不可殺耳吾懼夫執周禮以爲忌言復讎者所藉口也故詳言之

廛人

廛人掌斂市絘布總布質布罰布廛布而入於泉府

周禮一書理財居其半自有周禮劉歆輔王莽專爲理財本朝熙寧閒荆公亦用是經以理財致啓紛議而先儒因是益疑於周禮今細考之亦誠有可疑者即以廛人一官論之絘布者列肆之稅即今之房廊錢廛布者邸舍之稅即今之白地錢罰

布者賣買不平之罰質布者質人迎考犯禁之罰即今之搭地錢總布者無肆立持之稅即熙寧間不係行錢人唐德宗宮市之弊其初只教官與百姓交易後乃用宦者為使買之多不償其本錢熙寧不係行錢鄭俠奏議謂負水拾髮擔粥提茶皆有免行然則廛人之流弊極矣王莽用周禮遂有五均六斡列肆里區無不征之剕公用周禮遂有坊場河渡白地房廊搭罰六色免行市例之類無所不有夫周家之法果如是之不可用耶嗚呼

司關

有外内之送令則以節傳出内之

先王之制寢室有閫閭里有閈出有棘桂居有郛郭以達門關自畿而達之外國與之節而達於王官其不同者則不達是以諸侯無私會大夫無私交士無游說民各土著周之衰也曾廢六關秦人焚節璧馬假道成人掌管惟馳車是利無所禀命蓋王官之守不行於外服矣嗚呼外内烏可以無限哉

遂師

大喪使帥其屬以幄帟先道野役及窆抱磨共丘籠及蜃車之役

取於野之物供朝廷之用者後世以勢力號令驅之常有旁科雜擾之患成周之制惟一遂師專之政不出於多門吏不並緣民亦免於苛征倍役矣

旅師

施其惠散其利而均其政令

靑苗之法每歲再行取二分之息意謂貸者必窮

民否則大姦猾而富足之家則不願取夫貸於窮民及姦猾未必能出息於是無問其所欲否而槩與之則富足之家亦强使貸矣是惠利未施散而政令大不均也

澤虞

澤虞掌國澤之政令爲之厲禁使其地之人守其財物以時入之於玉府頒其餘於萬民

周衰凡王國所恃者諸侯皆得專利之齊斡山海之藏晏子告之以山澤各有所守不可爲也是猶

知守先王之法至於桃林之塞古函谷也晉守之
郇瑕之地古解池也晉實有之凡天子之塞邑皆
不領於王官而惟私意是取春秋之作於鄭不系
虎牢於衛不系楚邱其類非一葢所以别天下之
重慮侯國擅而兼之也秦漢而下山澤陂池之賦
皆爲天子私藏而屬之少府以供養天子凡郡有
山澤之處皆置吏掌之諸侯惟食租稅而已先王
不盡利以遺民之意無存矣

春八

祭祀共其𥹋盛之米

祭祀之米雖舂人共之考之楚語云天子親舂郊禘之米又曰天子郊禘之事王后必舂其粢穀粱曰三宮米而藏之御廩大都仿耕藉之推之禮而舂人卒其事也

稾人

掌共外內朝冗食者之食

頫考叔爲頫谷封人有獻於鄭莊公而公賜之食以此類推之所以示其隆禮愛賢之義而稾人共

宂食者之食其猶漢世之所謂主熟食者乎

周禮解卷二終

周禮解卷三

宋廬陵胡銓澹菴著　　仁和後學朱文藻輯錄

廷棟　一堅　廷幹　鎮南　光燕

鼎顯　盛海　盛槐　盛梾　光簪

嗣裔　昶　宫梅　盛謙　盛梅　光烈編次

鼎霈　應鈞　盛本　盛祿　光烯

汝霖　學山　毓秀　光薰　光誼

春官宗伯

大宗伯

以肆獻祼享先王以饋食享先王以祠春享先王以禴夏享先王以嘗秋享先王以蒸冬享先王

肆獻祼饋食謂祭之禮有此四等也肆獻祼與饋食兩言之者明宗廟有祼鬯禮既灌而獻有薦腥禮既薦而肆有薦熟禮既肆而饋有饋食禮自禘及四時祭皆然天子四時之祭曰祠禴嘗蒸而三年大祭曰禘諸侯亦四時有祭而三年之祭曰祫大夫亦有時而祭而三年之祭曰殷春秋傳謂殷以少牢是也鄭氏引魯禮謂魯當有禘則非也孔

子謂魯之郊禘非禮也周公其衰矣又曰禘自旣灌而往吾不欲觀之矣葢成王之賜伯禽之受皆非也孔子於春秋欲貶而不勝書故因事而貶若吉禘莊公禘于太廟用致夫人是已

以喪禮哀死亡

隱公時天王使宰咺來歸惠公仲子之賵文公時王使榮叔歸含且賵皆以喪禮哀死亡之證

以恤禮哀寇亂

左傳言救邢之事曰簡書同恤禮有相救之道隱

公亦云君命寡人同恤社稷之難此以恤禮哀寇難之證

大封之禮合衆也

建牧主監所以糾合邦國康誥封康叔是也

以燕饗之禮親四方之賓客

管仲平戎于王王以上卿之禮享管仲則大夫亦享也湛露之詩天子燕諸侯則諸侯亦燕也四方賓客總言諸侯大夫

以脤膰之禮親兄弟之國

腥曰脤熟曰膰又祭社稷曰脤祭宗廟曰膰公羊穀梁生居俎上曰脤熟居俎上曰膰是也左傳成公十三年劉康公成肅公會晉侯伐秦成子受脤于社不敬定公十四年天王使石尚來歸脤是也左傳言國之大事在祀與戎祀執膰戎受脤孔子膰肉不至不稅冕而行皆宗廟之祀是膰爲祭宗廟之肉也

六命賜官

六命之卿得以具官及其出封則爲侯伯晉侯之

臣苟偃自稱曰其官臣偃實先後之彼爲侯伯故有官臣若大夫有地而得置官者則設一官以攝衆事否則不得具官也故管仲官事不攝孔子譏之

九命作伯

命諸侯則大宗伯擯命卿大夫則小宗伯擯策文內史作之尙書文侯之命冏命是也

以禽作六贄以等諸臣

諸侯所執者惟玉幣帛禽鳥非所執也左氏曰禹

會諸侯于塗山執玉帛者萬國葢因玉連文其實執玉貨帛也

國有大故則旅上帝及四望

禹貢言荆岐既旅蔡蒙旅平九山刊旅皆因水災之後而合祭也

王大封則先告后土

后土地也春秋傳曰君履后土而戴皇天

肆師

大祭祀展犧牲繫于牢頒于職人

視其完也牲純謂之牷完謂之犧春秋魯郊牛口傷周景王時雄雞自斷其尾皆不完也

凡師不功則助章主車

不功者不勝也失主車是失宗社大司馬於師不功則厭而奉主車肆師助之葢勝敗乃兵家之常王者之師亦有時而不勝惟主車不可失也

獮之日涖卜來歲之戒

春秋時鄭石㚟言於子囊曰先王卜征五年而歲習其祥祥習則行不習則增修德而改卜是卜不

吉必修德而豫戒也

鬯人

凡王弔臨共介鬯

天子至尊也然於人之祖先神明不敢忽使介執

鬯以禮之禮記所謂臨諸侯畛於鬼神曰有天王

某是也

司几筵

左右玉几

鄭氏謂左右有几優至尊也荀卿所謂周公負依

而坐諸侯奔走堂下是也然曲禮曰天子當依而立曰覲當宁而立曰朝明堂位曰天子負斧扆而立則又立而不坐

天府

凡吉凶之事祖廟之中沃盥執燭

寶鎮寶器藏於祖廟苟非明智何以守之定公八年從祀先公盜竊寶玉大弓因祀太廟而盜得以竊之所以使之執燭用明以省之也

典瑞

牙璋以起軍旅以治兵守

天子畿內之兵不輕出也易曰高宗伐鬼方三年有賞於大國則雖天子親征亦用諸侯之師詩周王于邁六師及之則所在皆成六師劉文公平邱之會對晉人曰天子之老請帥王賦元戎十乘則雖王人涖師無過十乘以爲先行宣王復古北伐其制如此平王東遷以王人戍申甫揚之水始刺之然春秋之時桓王伐鄭猶有陳蔡衞人二百四十年間王人會伐屢矣左氏未嘗見車之出唯敗

績茅戎王師自出春秋譏之

典命

典命掌諸侯之五儀諸臣之五等之命

命有等降儀有隆殺儀與命並掌而特以典命名官者蓋無是命則無是儀儀統於命爲人君重故榮叔錫公命春秋特書之

其宮室車旗衣服禮儀各眡其命之數

節瑞命數服飾車旗之用所以表尊卑皆典禮之大者秦制車乘主於太僕符璽屬於少府瑞止璽

印佩止綬襚衣服車旗之章亦多依戎事務使利便非所以爲禮漢因不改自北齊置主爵後爲司封則秩命歸於吏部自魏晉置駕部則車輿歸於兵部自隋置中監尚輦又别領於內省禮制并失之矣

司服

凡甸冠弁服

左傳魏獻公射鴻于圃孫子甯惠子從之不釋皮冠而與之言又皮冠以招虞人此田事服弁服之

證

墓大夫

墓大夫掌凡邦墓之地域爲之圖

後世人自求地家自置守富則僭而不忌貧則窘而無所葬掘墓盜尸斬木之獄不絕於有司此墓大夫之制廢所由致也

大司樂

凡有道者有德者使教焉

教者教國子也然又聚國之子弟皆教之後世以

私心觀之設掌樂之官不專教胄子反資之於他人以此見古人立心至公規模廣大

小胥

凡縣鍾磬半爲堵全爲肆

鍾十六枚爲一肆左傳鄭人賂晉侯以歌鍾二肆是三十二枚矣

瞽矇

諷誦詩世奠繫鼓琴瑟

世謂世本繫謂所傳之繫國語曰教之春秋而爲

之聾善而抑惡以戒勸之教之世而爲之昭明德而廢幽昏焉以怵懼其心卽此意也

鐘師

凡樂事以鐘鼓奏九夏王夏肆夏昭夏納夏章夏齊夏族夏祴夏驁夏

此天子之樂也諸侯亦用之者晉享穆叔金奏肆夏之三然諸侯用之猶可也大夫用之則僭矣記云大夫之用肆夏由趙文子始也

太卜

掌三夢之灋一曰致夢二曰觭夢三曰咸陟

鄭氏云致夢夏后氏所作致者有所使而至也晉侯夢楚子伏已而盬其腦將戰而致也

卜師

卜師掌開龜之四兆一曰方兆二曰功兆三曰義兆四曰弓兆

功兆者立功之兆楚司馬子魚卜戰令龜曰魴也以其屬死之楚師繼之尚大克之吉是也義兆者行義之兆南蒯筮得黄裳元吉惠伯曰忠信之事

則可不然必敗是也

龜人

龜人掌六龜之屬各有名物天龜曰靈屬地龜曰繹屬東龜曰果屬西龜曰靁屬南龜曰獵屬北龜曰若屬各以其方之色與其體辨之

天子寶龜青黑緣公羊曰龜青純何休謂龜甲䫇青也千歲之龜青䫇然則六龜之色皆視其䫇也

簭人

九曰巫環

僖公十五年秦與晉戰卜右慶鄭吉襄公二十四年晉致楚師求御於鄭鄭人卜宛射大吉宣公二年楚許汨御樂伯攝叔爲右以致晉師此所以筮環

凡國之大事先簭而後卜

常事則卜筮相襲獻公卜納驪姬不吉公曰筮之是也大事先筮而後卜晉納襄王得黃帝戰于阪原之兆又筮之遇大有之睽是也

占夢

占夢掌其歲時觀天地之會辨陰陽之氣以日月星辰占六夢之吉凶

昭公三十一年十二月辛亥朔日有食之是夜晉趙簡子夢童子倮而轉以歌旦占諸史墨曰六年及此月也吳其入郢乎終亦弗克入郢必以庚辰所以知其入郢之期者以庚日有變而庚辰日在鶉尾可卽日在鶉尾而知之知其必入郢者以庚午之日日始有謫可卽日之變氣而占之又知其在六年者以辛亥爲水水數生於一而成於六數

之成者在六年又知其弗克者以午火庚金火勝金故也其入郢而夢見於晉者以晉楚同盟趙簡子爲執政之卿此其說蓋成周占夢之遺法皆以日月星辰參諸天地之會陰陽之氣也

詛祝

作盟詛之載辭以敘國之信用以質邦國之劑信歃血謂之盟渝盟則用詛言不相信盟以結之春秋諸侯之事也其用詛者如鄭伯使出豭犬雞以詛射潁考叔是也

大史

大史掌建邦之六典以逆邦國之治

周之史佚魯之史克晉之史蘇史黯史趙史墨皆世世掌之後世如大史談之後有遷班叔皮之後有孟堅劉知幾之後有劉餗皆世其職尚合古制非如近日僅爲遷轉之地也

保章氏

以星土辨九州之地所封封域皆有分星以觀妖祥

以星土辨九州之地如左傳昭公十年有星出于

婺女鄭禆竈曰今兹歲在顓帝之墟姜氏任氏實守其地釋云顓帝之墟謂元枵也則知元枵爲齊之分星青州之星土也昭公三十二年夏吳伐越晉史墨曰不及四十年越其有吳乎越得歲而吳伐之必受其凶釋云歲在星紀則知星紀爲吳越之分星揚州之分土也

內史

王制祿則贊爲之以方出之賞賜亦如之內史掌書王命遂貳之

先王之制行爵出祿無非人君之命內史掌之書於方策春秋時如城濮之役晉侯有功襄王命內史叔興父策命之爲侯伯周之家法猶可攷也其後賞賜非義內史不書如晉之克齊使鞏朔獻捷定王使禮之如侯伯克敵使大夫告慶之禮又私賄鞏伯使相告之勿籍是已

外史

外史掌書外令

周制外史與內史並掌策命道德誼美文辭典刑

可觀秦失此制辭令在尚書郎則尚書重在中書舍人則中書重漢重尚書則尚書遂擅天下魏晉重中書則中書亦擅天下唐制學士院白麻獨在學士爲天子私人稱內相矣以一辭令之官所鄉偏重權傾君相而朝廷不尊然後知周家以二史分隸宗伯道揆在上權綱歸一而無專遂之私也

巾車

歲時更續共其弊車

凡物材之尚可用者不可以盡棄車雖已弊亦共

於車人古人爲國愛材如此待物如此待人可知

周禮解卷三終

周禮解卷四　仁和後學朱文藻輯録

宋廬陵胡銓澹菴著

汝霖　隆造　盛諫　光熊　光廷

廷棟　禮宗　盛誨　盛柯　光烯

嗣裔　昶　宮梅　盛沙　鎮南　光烈編次

鼎霈　學山　盛椿　光笏

一堅　盛梧　盛檍　鏡川　光筍

夏官司馬

大司馬

簡稽鄉民以用邦國

大國三鄉次國二鄉小國一鄉鄉卽軍也平居民籍足充其數非天子命伐有司馬之法未嘗作軍也魯作三軍春秋譏之城濮之戰楚爲三軍陳蔡屬右軍衞屬左軍蓋古法自軍將以下爵秩與鄉官同諸儒謂皆六卿之吏非也我朝藝祖之法與三伐聮合伍皆有長不必盡有爵以此見不皆爲六鄉比長

以九伐之灋正邦國

伐者聲其罪也左氏曰有鐘鼓曰伐

賊殺其親則正之

衞侯殺其弟叔武晉人執而歸之京師蓋以正賊殺其親之罪也

以教坐作進退疾徐疏數之節

武侯八陣進則皆進止則皆止所以不可破齊之技擊魏之武卒秦之鋭士終不可以當威文之節制者由此而已

中冬教大閱

左氏曰大閱簡車徒也然大蒐大事大閱春秋屢書之皆謂事之尤大也則不止簡車徒而已

大役與慮事屬其植受其要以待攷而賞誅

宣公十一年蔿艾獵城沂昭公三十二年士彌牟營成周屬役賦丈書以授帥凡大工役不可不先慮也慮於未興工之前及興工則屬其植工已畢則受其要終焉會計其效皆大司馬之職也

司勳

戰功曰多

多惟戰功可稱平王錫晉文侯曰爾多修扞我于艱是也史記載周勃之功亦曰至城下爲多當馳道爲多

馬質

馬質掌質馬

馬質者猶今之馬博士善曉馬病善療馬疾

司險

國有故則藩塞阻路而止行者以其屬守之唯有節者達之

王公設險以守其國雖聖人亦不能已也周公卜宅雒陽以爲後世有德易以興無德易以亡豈專於宅險哉然設法守禦又不得不如此其備

候人

若有方治則帥而致於朝及歸送之於竟

春秋之世晉欒盈奔楚道周周西鄙掠之至盈訴諸朝王乃使候出諸轘轅此諸侯所以不朝而王室卒至陵遲也

環人

環人掌致師

兵法曰善戰致人而不致於人卽致師之意也

揚軍旅

平邱之會叔向謂魯人曰寡君有車四千乘在牛

雖瘠僨于豚上其畏不死乎環人所揚類此

降圍邑

受降如受敵所當察也故環人掌之

司士

掌擯士者膳其摯

先王待新進之禮常厚而律新進之法常嚴賓興之始有三公六卿以涖於上有羣吏衆庶以贊於下待以鄉飲酒之禮而獻其書於王王再拜受登于天府之籍内史又從而貳之以爲異時爵禄之階待之之禮厚矣及擯見於王委摯爲臣乃屬諸司馬而詔爵詔禄詔事一惟司士之聽葢新進乍起草萊故役之祭祀賓客會同之事使知登降揖遜動容周旋之節律以軍旅之法而警懼其苟且怠惰之心然後皆有用之材而不病於見聞之陋

矣

大僕

掌諸侯之復逆

大僕小臣御僕皆王之侍御僕從也受章奏而達於王大臣方不得自便秦章邯奏事而趙高爲丞相留司馬門不進由非近臣掌之故也漢有公車司馬今有登聞檢院皆掌天下章奏止一官而周制必多其官以大僕掌諸侯復逆又以小臣掌羣吏之逆及庶民之復又以宰夫掌諸臣之復萬民

之逆蓋慮官有尊卑尊則此不肯受卑則此不肯

援於是上下勢隔而天下之事壅於上聞矣

王眡朝則前正位而退入亦如之

漢成帝臨朝尊嚴如神及退朝與張放等所說皆

淫辟邪侈之事失周制遠矣

建路鼓於大寢之門外而掌其政以待達窮者與遽

令聞鼓聲則速逆御僕與御庶子

觀此見先王之急於達窮而惟恐壅上下之情如

此史載更始張夫人曰帝方與我飲乃以此時奏

事抵破案於是百官不敢奏事矣

縣喪首服之灋於宮門

漢武帝崩燕王使王孺之長安問帝崩所病執金吾郭廣意言待詔五柞宮宮中讙言帝崩諸將軍共立太子歸以報王王曰上棄羣臣無語言主又不得見甚可怪於是爲反謀葢人主左右無中外共信之臣緩急之際姦宄遂得妄有窺伺周制王出則大僕前驅居則贊相不眠朝則辭於公孤始崩戒鼓遂出喪首服法皆使大僕掌之者大僕爲

侍御之官王之起居所當知而中外所共信也

祭僕

凡祭祀致福者展而受之

展謂展其牲之體數非止此也晉申生歸胙而驪姬毒以獻其事有不可不防者

司戈盾

司戈盾掌戈盾之物而頒之

富父終甥以戈椿僑如之喉狼瞫以戈斬秦囚子南以戈擊子皙長魚矯以戈殺駒伯左傳所載不

一葢五兵之便於用者莫戈若也

戎右

贊牛耳桃茢

襄公在楚楚喪公弔使巫以桃茢先拂殯則桃茢者凶事所用盟則殺牲而要諸鬼神事之凶者也故有用桃茢之禮

齊右

王乘則持馬行則陪乘

周時車右之右必取賢而有力者春秋卜右慶鄭

是也漢世則刀鋸之人參乘矣

道僕

道僕掌馭象法以朝夕燕出入其灋儀如齊車

早朝曰朝暮朝曰夕左傳云百官舉事朝而不夕

又曰右尹子革夕

職方氏

職方氏掌天下之圖以掌天下之地

後世所謂司空輿地圖光武嘗披之以問鄧禹者

也

其澤藪曰雲瞢

在江北者爲雲左傳定公四年楚子涉雎濟江入于雲中是也在江南者爲夢昭公三年楚享鄭伯曰江南之夢是也

其侵潁湛

湛湛阪也春秋楚公子格與晉戰于湛阪是也

懷方氏

掌來遠方之民致貢遠物而送逆之達之以節

成王時越裳氏重九譯而至非設官爲之主則言

語不知其故飲食不知其好遠人失其所矣

周禮解卷四終

周禮解卷五

仁和後學朱文藻輯錄

宋廬陵胡銓澹菴著

廷棟　一堅　廷幹　鎮南　光燕

鼎顯　盛海　盛槐　盛梗　光簪

嗣裔　昶　宮梅　盛謙　盛梅　光烈編次

鼎霈　應鈞　盛本　盛祿　光烯

汝霖　學山　毓秀　光薰　光誼

秋官司寇

大司寇

凡萬民之有罪過而未麗於灋而害於州里者桎梏而坐諸嘉石役諸司空

未麗於法葢罪之輕者已麗于法寘諸圜土猶教之而未遽加以刑況未麗于法而坐諸嘉石者豈不尙在可敎之域哉先王之不忍加刑如此

正月之吉始和布刑于邦國都鄙乃縣刑象之灋於象魏使萬民觀刑象挾日而斂之

先王之法若江河貴避而難犯布之使民知遠罪斂之使民無覬刑聖人重刑甚於政敎也

小司寇

以五刑聽萬民之獄訟附於刑用情訊之至於旬乃弊之讀書則用灋

以旬爲率者一定之常也成王之誥康叔至於旬時丕弊要囚亦誥戒之切而已

士師

士師之職掌國之五禁之灋以左右刑罰

以士名刑官始於虞舜之命皋陶作士以士師名刑官始於柳下惠之爲士師士師者羣士之所師

法也

若邦凶荒則以荒辯之灋治之

年有上中下饑亦有上中下上饑則發上年之粟中饑則發中年之粟下饑則發下年之粟皆自荒辯之法知之

若祭勝國之社稷則爲之尸

勝國之社亳社也喪國之社屋之不受天陽也亳社北牖使陰明也郊特牲曰天子大社必受霜露風雨以達天地之氣勝國之社不欲其達也

鄉士

司寇聽之斷其獄弊其訟于朝

春秋以來凡死刑必請于上然後殺故晉祈擅殺其家臣而晉人殺之趙鞅擅殺趙午而晉人以爲始亂

司刑

司刑掌五刑之灋以麗萬民之罪墨罪五百劓罪五百宮罪五百刖罪五百殺罪五百

先王之法止於五刑左傳文公十八年季文子曰

昔周公作誓命曰在九刑不忘此葢叔世之法援周公以立說也故叔向云夏有亂政而作禹刑商有亂政而作湯刑周有亂政而作九刑

司盟

司盟掌盟載之灋

世儒謂春秋書盟爲衰世之事記所謂盟詛不及三王也周官致太平之書不知何以玉府有珠槃玉敦之事戎右有贊牛耳桃茢之文於此又設司盟之官故何休亦嘗有戰國陰謀之說不知書載

苗民罔中于信以覆詛盟則五帝之世已有是事矣

既盟則貳之

貳副也司盟所藏左傳襄十一年載亳盟之文甚悉

盟萬民之犯命者詛其不信者亦如之

左傳魯人盟臧紇曰無或如臧紇犯門斬關以出是盟之類也鄭伯使卒出豭豚行出雞犬以詛射潁考叔是詛之類也

掌戮

掌戮掌斬殺賊諜而搏之

大斬小殺皆棄人之刑

司隸

司隸掌五隸之灋

漢置司隸校尉掌刺舉之任武帝使之持節捕巫蠱督大姦猾其重至於專道而行専席而坐秩比二千石甚至鮑宣則摧辱宰相葢肇端於此

野廬氏

比國郊及野之道路宿息井樹

晉文公爲盟主司空以時平易道路圬人以時塓館宫室諸侯賓至隸人牧圉各瞻其事百官之屬各展其物此晉之所以霸單襄公聘于宋假道于陳以聘楚道茀不可行候不在疆司空不視塗道無列樹國無寄寓野無施舍此陳之所以亡

邦之大師則令埽道路

後世十里有亭亭有長其法出於此

庶氏

庶氏掌除毒蠱以攻說禬之嘉草攻之

左氏曰皿蟲爲蠱穀之飛亦爲蠱韓文公去鱷魚則攻說之義也

凡敺蠱則令之比之

凡能敺蠱者隨其方土所宜予在海南久深悉之方俗之不易自昔然矣

蟈氏

蟈氏掌去鼃黽

晉惠帝聞鼃鳴詢左右以爲公爲私則宮禁之中

未嘗無也

大行人

間問以諭諸侯之志

覜間問之禮見先王待諸侯之厚漢中山靖王來朝天子置酒聞樂聲而泣問其故具以吏所侵聞上乃厚諸侯之禮惜其間問之禮不行於前也

凡諸侯之卿其禮各下其君二等以下及其大夫士皆如之

定公八年公會晉師於瓦范獻子執羔趙簡子中

行文子執雁是諸侯之臣從其君以見外國之君得執其贄也

者有四方之大事則受其幣聽其辭

文公二年秦伯使乞術聘魯且言將伐晉襄仲辭主客曰不腆幣器致諸執事以爲瑞節此用幣以告用兵之證

殷相聘也

左傳昭公九年㝈子如齊殷聘禮也

司儀

將合諸侯則令爲壇三成宫旁一門

合諸侯乃天子之禮司儀掌之至春秋之時則不在天子而在諸侯矣昭公四年楚子合諸侯于申而椒舉引六王二公之事爲證且爲壇之禮不朝天子而朝諸侯襄公二十八年鄭伯如楚舍不爲壇而子産以爲大適小則爲壇有五美焉是用作壇以昭其功小適大有五惡焉用作壇以昭其禍蓋皆失周制矣

周禮解卷五終

周禮解卷六

仁和後學朱文藻輯錄

宋廬陵胡銓澹菴著

汝霖　隆造　盛謙　光熊　光廷

廷棟　禮宗　盛誨　盛柯　光烯

嗣裔　昶　宮梅　盛沙　鎮南　光烈編次

鼎霈　學山　盛椿　光笏

一堅　盛梧　盛檍　鏡川　光笥

冬官考工

考工記

鸜鵒不踰濟

春秋昭公二十五年有雊鵒來巢左氏傳曰書所無也蓋雊鵒本濟西穴處之物今乃踰濟而東爲巢於魯之國中故云書所無也是爲鸜鵒不踰濟之證

輪人

凡斬轂之道必矩其陰陽

傳曰五寸之矩足以盡天下之方斬轂者本陰陽之理察剛柔之性形而上者謂之道存乎其中不

徒於規矩法度之間求其形器也

輈人

凡任木

任如任官任民之任各稱其材之所長力之所能不以大材任輕不以小材任重因材用之各適其宜故曰良工心苦

金有六齊

剛柔相濟物理則然金不濟之以錫則爲器剛烈而不和不和之以錫則爲色昏昧而不明

梟氏

是故大鍾十分其鼓間以其一爲之厚小鍾十分其鉦間以其一爲之厚

鍾所尚有小大而制有長短也國語曰細鈞有鍾無鎛昭其大也大鈞有鎛無鍾昭其細也左傳伶州鳩曰小者不窕大者不摦

函人

函人爲甲犀甲七屬兕甲六屬合甲五屬

合甲費倍犀兕爲常古人尚之左傳載華元棄甲

之事曰犀兕尚多棄甲則那荀子言楚人鮫革犀兕以爲甲越語言夫差衣水兕之甲億有三千皆是也

玉人

駔琮七寸鼻寸有半寸天子以爲權

天子天道也宜用璧后地道也宜用琮天子用琮以爲權者君道能天能地無所不該可得而兼用焉

棗栗十有二列

周禮解卷六

女用以爲贄者不過棗栗春秋莊公二十四年傳曰棗栗以告虔也

匠人

匠人建國水地以縣

匠人建國水地眡景晝參夜考求得王國之中大司徒以土圭之法求地中是也是故得天地之中者爲王國之極不可失也

匠人營國方九里旁三門

天子有外城有中城有內城其門五臯門在外城

雉門在中城庫門應門路門在內城今國家都城之制南薰門卽古之皐門朱雀門卽雉門宣德門卽庫門大慶殿門卽應門垂拱殿門卽路門

車人

車人之事半矩謂之宣

鄭氏曰頭髮皓落曰宣易曰巽爲宣髮是也

羊車二柯有參分柯之一

羊車以羊駕之晉一名輦武帝於宮中乘之齊因晉制御史皇太子乘之梁亦名輦又名牽子貴賤

通乘之隋置羊車小吏易以果下馬唐亦因之不知漢時所謂定張車者何如也

弓人

弓人爲弓取六材必以其時六材旣聚巧者和之

非天時無以備陰陽之和非工巧無以全萬物之用

凡爲弓各因其君之躬志慮血氣

人之躬有長短志慮有緩急血氣有强弱凡射者其中在巧其至在力巧存乎志慮力出乎血氣而

躬者血氣志慮之所寓也故爲弓者必因之

利射革與質

革甲也春秋傳曰蹲甲而射之

附儀禮解

喪服記

朋友麻

師友服皆弔服加麻

周禮解卷六終

周禮一書莫詳於宋永嘉王氏東巖之訂義八十卷所引姓氏至五十一家體例與衛氏禮記集說相同後之習是經者多從其書節取伏讀

欽定周禮義疏徵引諸儒之說數倍於訂義而訂義之說未嘗不備其中然訂義所列五十一家澹菴先生不與焉蓋先生之書晚年所定上進於

朝藏之祕省未經流播人間爲東巖所不及見耳武林多藏書家文藻留心蒐訪未有所得向從汪氏振綺堂儲藏舊鈔中有周禮輯義殘本

十五冊鈌其首冊舊有標簽題曰謝山存而卷中無序目并不詳編輯時代別無里居姓氏所輯諸說大都以毛應龍集傳爲本參以三山鄭氏昭禹王氏長沙易氏及廬陵胡氏諸家餘不能悉數宋儒胡氏以廬陵著者惟先生則爲先生之說無疑特其語與東巖訂義參校出自掇論者互多而間有與諸儒旨同而詳畧互異亦有全本諸儒而稍參已見者攷先生文集有周禮解序自謂覃思十有餘年僅成集解謂之集

解者集諸儒以成書也史傳但作周禮解無卷數神道碑作周官解十二卷原編既不可得見今從謝山存本彙錄成編冠以自序及史傳原題以官爲卷釐而爲六意所謂輯義者亦係刪節成文定多遺佚不能復還舊觀矣先生自序大旨以周禮與禮記參合謂二禮相爲表裏及按之卷中多貫穿春秋以立說蓋先生以春秋學登甲科其因以通於解禮宜也先生於儀禮本無專書恭讀

欽定儀禮義疏中引用一則謹附末頁不復别立爲

卷俟更有所得當析出之

乾隆五十二年歲次丁未孟冬既望後學朱文

藻謹識

禮記解

禮記解目錄

卷一　曲禮上四十三則
卷二　曲禮下二十八則
卷三　檀弓上三十八則
卷四　檀弓下二十三則
卷五　王制七則
卷六　王制十八則
卷七　月令十八則
卷八　曾子問三則

禮記解目録

文王世子十二則

卷九

禮運十則

禮器九則

卷十

喪服小記二則

少儀二則

學記三則

樂記十則

卷十一

雜記十則

喪大記一則

[illegible]　一則
祭義　二則
祭統　三則
經解　一則
哀公問　二則
仲尼燕居　一則
坊記　二則
卷十二　表記　二則
緇衣　六則

禮記解目錄

儒行四則
卷十三　大學八則
卷十四　冠義一則
昏義一則
鄉飲五則
射義一則
聘義一則
喪服四制一則

禮記解目錄終

禮記解卷一　　仁和後學朱文藻輯録

宋廬陵胡銓澹菴著

廷湅　一堅　廷幹　鎮南　光燕
鼎顯　盛海　盛槱　盛楩　光簪
嗣裔　昶　宫梅　盛謙　盛梅　光烈編次
鼎霈　應鈞　盛本　盛祿　光烯
汝霖　學山　毓秀　光薰　光誼

曲禮上

曲禮曰毋不敬儼若思安定辭安民哉

上三句聖賢皆當如此乃可安民不必人君也人君尤當謹爾

敖不可長欲不可從志不可滿樂不可極

四者聖賢所同戒鄭意專指人君非也從如字春秋傳云魯君世從其失長久也盧植馬融王肅並同

賢者狎而敬之畏而愛之愛而知其惡憎而知其善

積而能散安安而[illegible]遷

魏徵云憎者惟[illegible]其惡愛者止知其善愛憎之間

所宜詳謹春秋傳好不廢過惡不去善

狠毋求勝分毋求多疑事毋質直而勿有

狠毋求勝懲忿也分毋求多平施也疑事勿質質正也事有可疑勿以臆決正之所謂闕疑直而勿有不以己直彰彼曲

禮從宜使從俗

禮從宜從時之宜使從俗役使人必從俗所便舊讀爲色吏反恐非

禮聞取於人不聞取人禮聞來學不聞往教

取於人以身下人也舜取於人以爲善是也取人謂屈人從己齊王欲見孟子而使之朝是也禮聞來學不聞往教漢孫寶荅張忠云君男欲學文而移寶自近禮有來學義無往教道不可詘是也

是以君子恭敬撙節退讓以明禮

鄭氏云撙趨也有自抑之意柳公綽撙節用度儲無量云撙者靡

人生十年曰幼學二十曰弱冠三十曰壯有室四十曰強而仕五十曰艾服官政六十曰耆指使七十曰

老而傳八十九十曰耄七年曰悼悼與耄雖有罪不加刑焉百年曰期頤

北史熊安引古說堯年耆艾仲父年艾皆註云七十曰艾義與此違然魯頌云俾爾耆而艾則耆艾老之通稱

大夫七十而致事若不得謝則必賜之几杖行役以婦人適四方乘安車自稱曰老夫於其國則稱名越國而問焉必告之以其制

賜几杖如漢元朔中賜淮南王菑川王是也乘安

車如漢起魯申公是也安車則駕一馬而坐乘漢制然也然漢時非安車亦有坐乘者萬石君是也檀弓云五十無車者不越疆而弔人上大夫也而同下大夫稱名者臣於君單稱名無嫌也洛誥周公告成王曰予旦老臣越他國而問故必告之以制度不期於彼國也古者越國而謀見左氏

夫爲人子者三賜不及車馬

賜與也三賜貨財衣服車馬也鄭謂三賜三命也三命受車馬案大宗伯三命受位不受車馬含文

嘉九賜一曰車馬則非三命公羊說九賜之次則四曰車馬亦不在三何由三命受車馬乎又車馬賜由君命君子辭位不辭祿車馬安可辭哉鄭誤矣

故州閭鄉黨稱其孝也兄弟親戚稱其慈也僚友稱其弟也執友稱其仁也交遊稱其信也

一盡子道而五善具矣坊記云父母在言孝不言慈鄭云孝上施慈或嫌下流也此言慈者非自言也

年長以倍則父事之十年以長則兄事之五年以長則肩隨之羣居五人則長者必異席

此謂鄉里之中父兄之黨也

食饗不爲槩

食饗不爲槩此未傳家事者㮣氏槩而不税

孝子不服闇不登危懼辱親也父母存不許友以死不有私財

不服役於隱闇遠嫌也朋友責善於義有當死者

朋友必以責望於己已不當許之不必友之讎

長者與之提攜則兩手奉長者之手負劍辟咡詔之則掩口而對

歐陽子阡表云劍汝立於旁管子書弟子職云食已循咡

從於先生不越路而與人言遭先生於道趨而進正立拱手先生與之言則對不與之言則趨而退

不越路而與人言一其敬與之言則對前文云辭遜而對此不者略道路

登城不指城上不呼

不指不呼為駭衆

將入戶視必下入戶奉扃視瞻毋回戶開亦開戶闔亦闔有後入者闔而勿遂毋踐屨毋踖席摳衣趨隅必慎唯諾

車上兵闌亦曰扃左氏宣十二年傳曰脫扃摳衣趨隅兩手提揭裳之前向席一隅而升已之位

凡與客入者每門讓於客客至於寢門則主人請入為席然後出迎客客固辭主人肅客而入主人入門而右客入門而左

出迎客不敵則不出客固辭不肯先入主人肅而入成十六年左氏云三肅使者杜云肅手至地

主人與客讓登主人先登客從之拾級聚足連步以上上於東階則先右足上於西階則先左足

拾級聚足拾掇也拾物必俯言躡等級必俯視地若拾物然

奉席如橋衡

此謂卷席奉之如橋橫取中平而兩頭下

毋勦說毋雷同

勦猶抄也襄二十五年崔慶之盟杜預云讀書未終晏子抄答易其辭是謂勦說唐德宗謂陸贄雷同道聽加質則窮

侍坐於君子君子欠伸撰杖屨視日蚤莫侍坐者請出矣

撰猶數也如撰德自撰之類皆謂數視也升堂則杖屨在側若欲起則撰數其在亡

毋側聽毋噭應毋淫視毋怠荒遊毋倨立毋跛坐毋箕寢毋伏斂髮毋髢冠毋免勞毋袒暑無褰裳

毋淫視視流坐毋箕尉佗箕踞而坐

侍坐於長者屨不上于堂解屨不敢當階就屨跪而舉之屏于側鄉長者而屨跪而遷屨俯而納屨

解屨不敢當階側就階邊自卑巽意俯而納屨俯首向長者而納足於屨

女子許嫁纓非有大故不入其門姑姊妹女子子已嫁而反兄弟弗與同席而坐弗與同器而食

繫纓有國束之義此及喪服皆云女子子重云子者衍文也鄭云重言子者別於男子也只云女子

已别於男子矣安用更言子乎

賀娶妻者曰某子使某聞子有客使某羞

羞進也謂進物於取妻者春秋傳可羞於王公是

也鄭謂進於客誤矣

父前子名君前臣名

父前子名君前臣名宣十五年申犀謂楚王曰毋

畏知死而不敢廢王命襄二十一年欒盈謂王行

人曰陪臣書皆名其父於君前也於他國君前亦

然成三年荀罃謂楚王曰以賜君之外臣首

客若降等執食興辭主人興辭於客然後客坐主人延客祭祭食祭所先進殽之序徧祭之三飯主人延客食胾然後辯殽主人未辯客不虛口

祭食祭所先進食飯也黍稷稻粱之屬所先進者則祭之後者不祭若殽之序則徧祭徧皆也公食之禮雖設酒為優賓不得用酳故鄭註彼云但以漿漱口而已則此虛口安知其酳也愚謂若主人食殽未徧客不虛口耳非酳也

御食於君君賜餘器之溉者不寫其餘皆寫

寫謂傾於別器

有憂者側席而坐有喪者專席而坐

側不正也漢王嘉傳魏徐奕傳皆云楚有子玉則文公側席而坐專猶特也

水潦降不獻魚鼈獻鳥者佛其首畜鳥者則勿佛也

獻車馬者執策綏獻甲者執胄獻杖者執末獻民虜者操右袂獻粟者執右契獻米者操量鼓獻孰食者操醬齊獻田宅者操書致

水涸魚鼈易得不必獻舊引春秋水潦方降云雨

降非執冑冑在首先之民虜俘獲者馘取左而徒操右各制其強力書亦契券之類然古者田宅官制其籍本不屬民令得獻之者記此禮者或出漢儒

凡遺人弓者張弓尚筋弛弓尚角右手執簫左手承弣尊卑垂帨若主人拜則客還辟辟拜主人自受由客之左接下承弣鄉與客並然後受

尊卑垂帨獻受皆敬還辟猶退卻也

鄰有喪舂不相

鄭云相送杵聲案孫卿書多言成相漢藝文志詩賦類有成相雜詞十一篇豈有送杵聲乎又樂記云治亂以相鄭云相卽拊也亦以節樂拊者以韋爲表裝之以糠糠亦名相因以名焉則又非送杵聲矣蘇氏云謳謠名

史載筆士載言前有水則載靑旌前有塵埃則載鳴鳶前有車騎則載飛鴻前有士師則載虎皮前有摯獸則載貔貅

載猶載質之義士謂命士孔云司盟之士恐非水

屬靑者如靑龍之類多矣不必水雀也載抗也所謂載旆舊竝音戴非也春秋之時左師展以昭公乘馬而歸此騎之漸此言騎知禮記出周末漢世虎摯猛獸軍旅之象故舉其皮於旌首舊云畫其皮恐非也

行前朱雀而後玄武左靑龍而右白虎招搖在上急繕其怒進退有度左右有局各司其局

先儒以招搖爲北斗星以指四方使軍陳不差此緯書不經也經意葢謂主兵者以四獸之旌招搖

指揮耳繕完也春秋傳云征繕又鄢陵戰云繕甲兵急繕其怒謂完師以出不喪其威鄭以繕爲勁恐非

父之讎弗與共戴天兄弟之讎不反兵交遊之讎不同國

公羊說復百世之讎古周禮說復讎之義不過五世許氏云魯莊與齊會是不復百世之讎也案春秋書莊公事皆深責其同讎狩娶讎女何不譏乎又夾谷之會書至以危之豈許其不復讎也但百

世之說太迂耳

君所無私諱大夫之所有公諱詩書不諱臨文不諱廟中不諱夫人之諱雖質君之前臣不諱也婦諱不出門大功小功不諱入竟而問禁入國而問俗入門而問諱

君所無私諱欒鍼於晉君之前名其父書是也詩書不諱誦詩讀書時也臨文不諱文謂文章也舊云禮文恐非故玉藻云教學臨文不諱大功小功不諱記禮叢脞其說不一問俗知風俗好尚問諱

敬地主

外事以剛日內事以柔日

春秋郊皆用辛故郊特牲云郊用辛又春秋井陘之戰用丁未泓之戰用己巳而武王癸亥陳于商郊則非剛也

卜筮不過三卜筮不相襲

卜筮不過三經意大抵謂卜筮不可瀆如易再三瀆之義王鄭太拘此與表記皆云卜筮不相襲襲有侵奪義若卜不吉而筮吉筮不吉而卜吉則爲

相奪也故卜不吉則止

君車將駕則僕執策立於馬前已駕僕展軨效駕奮衣由右上取貳綏跪乘執策分轡驅之五步而立君出就車則僕并轡授綏左右攘辟車驅而騶至于大門君撫僕之手而顧命車右就車門閭溝渠必步

軨車欄也欄可倚故楚詞九辨云倚結軨兮長太息又宣帝紀軨獵車註前有曲軨盧氏云軨轄頭轄非車欄也車欄之笭字不作車邊案楚詞云倚軨若非欄何可倚乎推此則轄頭并欄皆曰軨也

案春秋傳左并轡則此亦當在于左而右手授綏轉身向後引君登也

國君不乘奇車車上不廣欬不妄指立視五巂式視馬尾顧不過轂國中以策彗卹勿驅塵不出軌

自五路之外皆奇異之車如漢宣乘軨獵車也子巂鳥名車上平視不過五巂猶云不過百雉也雉取其飛不過三丈則五巂當亦取其飛之遠近爲喻孔氏以巂爲規案巂育攜不近規也恐非舊作槷

國君下齊牛式宗廟大夫士下公門式路馬乘路馬必朝服載鞭策不敢授綏左必式步路馬必中道以足蹙路馬芻有誅齒路馬有誅

熊氏云此文疑誤宜云下宗廟式齊牛非也見齊戒之牲則下過宗廟則式此亦甚明何勞倒文乎

禮記解卷一終

禮記解卷二　　仁和後學朱文藻輯錄

宋廬陵胡銓澹菴著

汝霖　毓秀　盛諫　光熊　光廷

廷棟　應鈞　盛誨　盛柯　光烯

嗣裔　昶　宮梅　盛沙　鎮南　光烈編次

鼎霈　學山　盛椿　光薰　光笏

一堅　盛梧　盛檍　鏡川　光筍

曲禮下

凡奉者當心提者當帶

案玉藻與深衣說則朝服之帶當心上而深衣之帶當脅下凡提挈物者高下皆以帶爲準不必專指深衣之帶

執天子之器則上衡國君則平衡大夫則綏之士則提之

衡權衡也執天子之器宜加敬如衡之昂也上猶高昂平謂不昂綏安舒貌如所謂綏旌

執玉其有藉者則裼無藉者則襲

鄭氏謂裼襲指執玉之人非也經意葢謂玉有藻

以藉者以袒裼而露見其美無藻以承者則以物覆襲之不暴露也豈謂人自裼襲

侍於君子不顧望而對非禮也

顧望若漢文問上林尉尉左右視

君子行禮不求變俗祭祀之禮居喪之服哭泣之位皆如其國之故謹脩其法而審行之

謂去父母之國而居他國者非也此但謂行禮安知去國乎俗謂本國之俗君子居本國不當變易風俗求合於禮而已

去國三世爵祿有列於朝出入有詔於國若兄弟宗族猶存則反告於宗後去國三世爵祿無列於朝出入無詔於國唯興之日從新國之法

孔子去宋既久尚冠章甫之冠送葬皆從殷制不從新國之法者與此異也

龜筴几杖席蓋重素袗絺綌不入公門

龜筴嫌有異謀若南蒯將叛枚筮是也

凡家造祭器爲先犧賦爲次養器爲後

家謂人家鄭云大夫稱家非也若止謂大夫造祭

器則下云祭器不踰竟何以兼士乎犧牛也鄭云夫子之大夫祭祀賦邑民共牲牢故曰犧賦然據禮及孟子惟諸侯得有犧牲大夫豈得有乎禮言諸侯大夫少牢亦不言天子大夫大牢也要之犧賦總言牲耳

凡非弔喪非見國君無不答拜者

左傳哀十二年仲尼弔季孫放經而拜則喪賓亦拜矣

大夫私行出疆必請反必有獻士私行出疆必請反

必告君勞之則拜問其行拜而后對

春秋之義臣無竟外交此云私行出疆非正也

君天下曰天子朝諸侯分職授政任功曰予一人

覲禮諸侯至郊稱王命以勞之知其順命於王所則稱天子賜之舍

崩曰天王崩復曰天子復矣告喪曰天王登假措之廟立之主曰帝

遐遠也竹書紀年帝王沒皆曰陟陟亦登也

天子未除喪曰予小子生名之死亦名之

案書顧命乙丑成王崩癸酉康王尸天子位豈俟踰年也三年之內王自稱不曰王爾臣下未嘗不稱曰王也王乃反喪服是也鄭又云謙未敢稱一人康王何以稱一人釗也

天子有后有夫人有世婦有嬪有妻有妾

隋唐巳後皇后而下有貴妃淑妃德妃賢妃則夫人也昭儀昭容昭媛脩儀脩容脩媛充儀充容充媛則九嬪也婕妤美人才人各九合二十七是代世婦寶林御女采女各二十七是代御妻六尙分

典乘輿服御則妾也大抵踵周官之制

諸侯見天子曰臣某侯某其與民言自稱曰寡人

自稱曰寡人於臣亦然衞侯謂甯氏曰祭則寡人

是也

死曰薨復曰某甫復矣既葬見天子曰類見言謚曰

類

周官典命諸侯之嫡子未誓於天子攝其君朝則

皮帛繼子男故既葬見天子亦執皮帛象父見禮

也見天子而請父之謚是能象賢也故曰類或謂

春秋書蔡桓侯以能請謚非也鄭云使大夫行亦非

公侯有夫人有世婦有妻有妾夫人自稱於天子曰老婦自稱於諸侯曰寡小君自稱於其君曰小童自世婦以下自稱曰婢子子於父母則自名也

論語云邦君之妻君稱之曰夫人夫人自稱曰小童邦人稱之曰君夫人稱諸異邦曰寡小君異邦人稱之亦曰君夫人記禮者本論語爲言也易曰其君之袂夫人稱君尚矣自稱於諸侯鄭謂饗諸

侯之時此據春秋姜氏饗齊侯爲義案此乃聖人所譏豈禮也哉

列國之大夫入天子之國曰某士自稱曰陪臣某於外曰子於其國曰寡君之老使者自稱曰某

老謂老成人也王朝則有國老五官之長曰天子之老是也諸侯則有卿老國君不名卿老及此是也卿大夫則有家老語云趙魏老是也

天子不言出諸侯不生名君子不親惡諸侯失地名滅同姓名

春秋衛侯燬名是時天王居鄭衛侯不顧天王在難而滅邢故生名之諸侯出奔爲失地名者罪之然文公十二年郕伯奔不名別有旨春秋晉滅虢滅虞齊滅紀楚滅夔是皆滅同姓皆不名則衛燬之名非因滅同姓

爲人臣之禮不顯諫三諫而不聽則逃之子之事親也三諫而不聽則號泣而隨之

顯謂明言其惡周公諫成王毋若殷王受之迷亂非顯諫乎然不顯諫非後世面諛腹非者比也三

諫而不聽則逃之微子諫紂不聽而欲逃于荒野是也舜日號泣于旻天于父母而瞽瞍亦允若是號泣隨之

問天子之年對曰聞之始服衣若干尺矣問國君之年長曰能從宗廟社稷之事矣幼曰未能從宗廟社稷之事也問大夫之子長曰能御矣幼曰未能御也問士之子長曰能典謁矣幼曰未能典謁也問庶人之子長曰能負薪矣幼曰未能負薪也

春秋傳曰會于沙隨之歲寡君以生亦是問國君

之年御御下

韭曰豐本鹽曰鹹鹺玉曰嘉玉幣曰量幣

古者蔥韭皆曰本漢使云百本韲五十本蔥量度量

天子死曰崩諸侯曰薨大夫曰卒士曰不祿庶人曰死

春秋書天子諸侯大夫之死曰崩薨卒舜陟方乃死天子亦曰死

祭王父曰皇祖考王母曰皇祖妣父曰皇考母曰皇

妣夫曰皇辟

考成也成爲神也

天子視不上於袷不下於帶國君綏視大夫衡視士視五步凡視上於面則敖下於帶則憂傾則姦

或云袷當腋縫或云當臂之處深衣云袷之高下可以運肘

君命大夫與士肄在官言官在府言府在庫言庫在朝言朝

春秋傳曰臣以爲肄業及之是也君凡命大夫士

肄習所行之事各有其處不相瀆亂官公家府九
府庫武庫朝朝廷
朝言不及犬馬輟朝而顧不有異事必有異慮故輟
朝而顧君子謂之固在朝言禮問禮對以禮
不有異事必有異慮若衞太子蒯聵朝夫人太子
三顧之類又陳成子驟顧諸朝
納女於天子曰備百姓於國君曰備酒漿於大夫曰
備掃灑
鄭云壻不親迎則女家遣人致辭故其辭云云竊

意不然詩文王親迎春秋不親迎則譏之古未有

壻不親迎之禮

禮記解卷二終

禮記解卷三

仁和後學朱文藻輯錄

宋廬陵胡銓澹菴著

汝霖　盛海　盛本　盛檍　盛梀　光熊　光廷
廷棟　應鈞　盛謙　盛諫　鎮南　光烈　光燕
嗣裔　昶　宮梅　廷榦　盛誨　盛柯　光薰　光芴編次
鼎霈　毓秀　盛沙　盛梅　鏡川　光簪　光誼
一堅　盛槐　盛梧　盛椿　盛祿　光烯　光筍

檀弓上

公儀仲子之喪檀弓免焉仲子舍其孫而立其子檀

弓曰何居我未前聞也趨而就子服伯子於門右曰仲子舍其孫而立其子何也伯子曰仲子亦猶行古之道也昔者文王舍伯邑考而立武王微子舍其孫腯而立衍也夫仲子亦猶行古之道也子游問諸孔子孔子曰否立孫

武王之立以功非當立也

事親有隱而無犯左右就養無方服勤至死致喪三年事君有犯而無隱左右就養有方服勤至死方喪三年事師無犯無隱左右就養無方服勤至死心喪

三年

方猶所也不擇地而安之致喪三年致謂哀到無

隱謂匿情就養有方有常職

季武子成寢杜氏之葬在西階之下請合葬焉許之

入宮而不敢哭武子曰合葬非古也自周公以來未

之有改也吾許其大而不許細何居命之哭

鄭云記此者善其不奪人之恩非也譏其夷人之

墓顧爲是瑣瑣耳

孔子既得合葬於防曰吾聞之古也墓而不墳今丘

也東西南北之人也不可以弗識也於是封之崇四尺孔子先反門人後雨甚至孔子問焉曰爾來何遲也曰防墓崩孔子不應三孔子泫然流涕曰吾聞之古不脩墓

作墓時當爲堅久之計不可令崩壞而加治

子思曰喪三日而殯凡附於身者必誠必信勿之有悔焉耳矣三月而葬凡附於棺者必誠必信勿之有悔焉耳矣喪三年以爲極亡則弗之忘矣故君子有終身之憂而無一朝之患故忌日不樂

終身之憂永慕也內則云終身也者非終父母之身終其身也忌日不樂有戚容忌舉吉事

孔子少孤不知其墓殯於五父之衢人之見之者皆以爲葬也其慎也蓋殯也問於郰曼父之母然後得合葬於防

問於聊曼父之母然後得合葬於防曼父之母與徵在鄰蓋在五父衢也此一經疑在孔子既得合葬於防之前

鄰有喪舂不相里有殯不巷歌喪冠不緌

趙良謂商君曰五羖大夫死舂者不相古謳謠之名多曰相詳見曲禮舂不相解綏冠纓所謂蟬有緌

晉獻公將殺其世子申生公子重耳謂之曰子蓋言子之志於公乎世子曰不可君安驪姬是我傷公之心也曰然則蓋行乎世子曰不可君謂我欲弒君也天下豈有無父之國哉吾何行如之使人辭於狐突曰申生有罪不念伯氏之言也以至於死申生不敢愛其死雖然吾君老矣子少國家多難伯氏不出而

圖吾君伯氏苟出而圖吾君申生受賜而死再拜稽首乃卒是以爲恭世子也

案春秋自閔二年至僖二十三年狐突事晉未嘗去此云不出記禮者誤

魯莊公及宋人戰于乘丘縣賁父御卜國爲右馬驚敗績公隊佐車授綏公曰末之卜也縣賁父曰他日不敗績而今敗績是無勇也遂死之圉人浴馬有流矢在白肉公曰非其罪也遂誄之士之有誄自此始也

佐車授綏授公綏復乘春秋經魯莊十年書公敗宋師于乘丘非自敗也此云敗績記禮者妄當以經爲正

曾子寢疾病樂正子春坐于牀下曾元曾申坐于足童子隅坐而執燭童子曰華而睆大夫之簀與子春曰止曾子聞之瞿然曰呼曰華而睆大夫之簀與曾子曰然斯季孫之賜也我未之能易也元起易簀曾元曰夫子之病革矣不可以變幸而至于旦請敬易之曾子曰爾之愛我也不如彼君子之愛人也以德

細人之愛人也以姑息吾何求哉吾得正而斃焉斯已矣舉扶而易之反席未安而沒

吾何求哉吾得正而斃焉斯已矣朝聞道夕死可矣士不聞道竊知其無以死也得正而斃雖死無餘事矣故曰斯已矣

死而不弔者三畏厭溺

畏謂畏避不能死難而終不免于死者

子路有姊之喪可以除之矣而弗除也孔子曰何弗除也子路曰吾寡兄弟而弗忍也孔子曰先王制禮

行道之人皆弗忍也子路聞之遂除之

行道謂道路之人

大公封于營丘比及五世皆反葬于周君子曰樂樂其所自生禮不忘其本古之人有言曰狐死正丘首仁也

禮樂皆以報本爲重舜琴思父母之長養是樂其所自生烝畀祖妣以洽百禮不忘本也

舜葬於蒼梧之野蓋三妃未之從也季武子曰周公蓋祔

書云舜陟方乃死帝王之沒皆曰陟陟昇也謂昇天也案地之勢東南下如謂舜南巡而死宜言下方不得言陟方也以此謂舜葬蒼梧皆不可信考經傳舜但二妃葢堯二女也事見於書甚明孟子亦云二女果秦博士對始皇帝云湘君者堯二女舜妃也劉向鄭氏亦以湘君爲二妃而離騷九歌有湘君湘夫人王逸解云湘君水神湘夫人二妃也山海經洞庭之山帝之二女居之郭璞疑二女者帝舜之后不當降小君謂其夫人因以二女爲

天帝之女韓子曰璞與逸俱失也夫娥皇爲舜正妃女英自宜降曰夫人也故九歌辭謂娥皇爲君謂女英爲帝子各以其盛者推言之則知舜無三妃也明矣況后妃四星其一明者正妃餘三小者次妃帝嚳象之立四妃堯因而不改則古亦無三妃之禮鄭氏乃謂舜不告而娶不立正妃但三妃而已若然曷不書于書傳鄭解湘君又何不云三妃而云二妃耶

子張病召申詳而語之曰君子曰終小人曰死吾今

日其庶幾乎

終謂以禮終始

曾子謂子思曰伋吾執親之喪也水漿不入于口者七日子思曰先王之制禮也過之者俯而就之不至焉者跂而及之故君子之執親之喪也水漿不入于口者三日杖而後能起

謂曾子過禮故舉禮之中

曾子曰小功不稅則是遠兄弟終無服也而可乎

小功之服最多親則叔父之下殤與適孫之下殤

兄弟下殤尊則外祖父母常服則從祖父母其不可不服明矣韓愈之意似不可不追服案喪服小記云降而在緦小功者則稅之其餘則否是據禮正服小功不稅也稅者謂日月已過始聞訃而服者大功以上如此小功否也鄭義限內聞喪則追全服王肅義限內聞喪但服殘日若限滿卽止王義非也然鄭亦不言限外聞喪則如何是鄭亦不追服矣竊欲追服以附韓說

孔子在衛有送葬者而夫子觀之曰善哉爲喪乎足

以爲法矣小子識之子貢曰夫子何善爾也曰其往也如慕其反也如疑子貢曰豈若速反而虞乎子曰小子識之我未之能行也

小子識之我未之能行也善其哀慕虞祭雖遲不害

孔子蚤作負手曳杖消搖於門歌曰泰山其頽乎梁木其壞乎哲人其萎乎既歌而入當戶而坐子貢聞之曰泰山其頽則吾將安仰梁木其壞哲人其萎則吾將安放夫子殆將病也遂趨而入夫子曰賜爾來

何遲也夏后氏殯于東階之上則猶在阼也殷人殯於兩楹之間則與賓主夾之也周人殯于西階之上則猶賓之也而丘也殷人也予疇昔之夜夢坐奠于兩楹之間夫明王不興而天下其孰能宗予予殆將死也蓋寢疾七日而沒

黄幾復曰消者如陽動而冰消雖耗也而不竭其本搖者如舟行而水搖雖動也而不傷其內傷時無明王而道不行以死也孰能宗予謂孰能宗師其道鄭云兩楹之間南面人君之位謂誰能尊我

以爲君乎噫夫子嘗云無臣而爲有臣吾誰欺欺
天乎又豈肯自謂尊我以爲君也鄭非

孔子之喪門人疑所服子貢曰昔者夫子之喪顏淵
若喪子而無服喪子路亦然請喪夫子若喪父而無
服

師友服皆弔服加麻謂服緦之經帶以麻爲之旣
葬除之

孔子之喪公西赤爲志焉飾棺牆置翣設披周也設
崇殷也綢練設旐夏也

鄭云夫子兼用三代之禮非也生不肯爲素王門人豈肯用三王之禮哉或云用三代大夫之禮耳

喪大記國君纁披六崇牙也殷湯以武興旌旗之旁常刻繒爲崇牙

子夏問於孔子曰居父母之仇如之何夫子曰寢苫枕干不仕弗與共天下也遇諸市朝不反兵而鬭曰請問居昆弟之仇如之何曰仕弗與共國銜君命而使雖遇之不鬭曰請問居從父昆弟之仇如之何曰不爲魁主人能則執兵而陪其後

遇諸市朝不反兵而鬭言常以兵刃向前志在復仇之切

曾子弔於負夏主人既祖塡池推柩而反之降婦人而后行禮從者曰禮與曾子曰夫祖者且也且胡爲其不可以反宿也從者又問諸子游子游曰禮與子游曰飯於牖下小斂於戶內大斂於阼殯於客位祖於庭葬於墓所以卽遠也故喪事有進而無退曾子聞之曰多矣乎予出祖者

池以竹爲之衣以青布喪行之飾所謂池視重霤

是也塡謂縣同魚以實之謂將行也鄭攺奠池爲奠徹未詳

子夏既除喪而見予之琴和之而不和彈之而不成聲作而曰哀未忘也先王制禮而弗敢過也子張既除喪而見予之琴和之而和彈之而成聲作而曰先王制禮不敢不至焉

孟獻子禫縣而不樂夫子善之又夫子旣祥五日彈琴而不成聲則除喪如子夏可也

君子曰謀人之軍師敗則死之謀人之邦邑危則亡

之

敗則死之春秋傳曰側亡軍師敢忘其死危則亡之微子念殷危亂欲遯亡于荒野

喪事欲其縱縱爾吉事欲其折折爾故喪事雖遽不陵節吉事雖止不怠故騷騷爾則野鼎鼎爾則小人君子蓋猶猶爾

縱縱不脩飾貌有遽意提提爾雅詳貌有止意

孔子曰之死而致死之不仁而不可爲也之死而致生之不知而不可爲也是故竹不成用瓦不成味木

不成斲琴瑟張而不平竽笙備而不和有鍾磬而無
簨虡其曰明器神明之也
致死之謂死其親若無知者致生之事之如生成
猶完脩
有子問於曾子曰問喪於夫子乎曰聞之矣喪欲速
貧死欲速朽有子曰是非君子之言也曾子曰參也
聞諸夫子也有子又曰是非君子之言也曾子曰參
也與子游聞之有子曰然然則夫子有爲言之也曾
子以斯言告於子游子游曰甚哉有子之言似夫子

也昔者夫子居於宋見桓司馬自爲石椁三年而不成夫子曰若是其靡也死不如速朽之愈也死之欲速朽爲桓司馬言之也南宫敬叔反必載寶而朝夫子曰若是其貨也喪不如速貧之愈也喪之欲速貧爲敬叔言之也曾子以子游之言告於有子有子曰然吾固曰非夫子之言也曾子曰子何以知之有子曰夫子制於中都四寸之棺五寸之椁以斯知不欲速朽也昔者夫子失魯司寇將之荆蓋先之以子夏又申之以冉有以斯知不欲速貧也

按春秋傳定公十二年孔子爲司寇至哀公三年在陳十一年在衛是年自衛反魯則失司寇蓋在定公十二年以後但有在陳在衛事跡論語亦即云適衛厄陳蔡皆無之荆事豈禮之妄也或曰哀公六年楚昭失國孔子曰楚昭王知大道矣是時在荆也子適衛冉有僕故此云申之以冉有

子思之母死於衛柳若謂子思曰子聖人之後也四方於子乎觀禮子蓋慎諸子思曰吾何慎哉吾聞之有其禮無其財君子弗行也有其禮有其財無其時

君子弗行也吾何慎哉

古者嫁母齊衰期今律亦然子思習於禮未嘗不慎曰吾何慎哉言其慎久矣

后木曰喪吾聞諸縣子曰夫喪不可不深長思也買棺外內易我死則亦然

不可不深長思言喪之難也

曾子曰尸未設飾故帷堂小斂而徹帷仲梁子曰夫婦方亂故帷堂小斂而徹帷

存二說以傳疑

喪不剝奠也與祭肉也與

牲肉不巾則塵蠅汙之

練練衣黃裏縓緣葛要絰繩屨無絇角瑱鹿裘衡長祛祛裼之可也

如青豻褎則以蒼黃色爲衣以復之使可裼也袒而有衣曰裼裼所以表裘也表而出之詳見玉藻

棺束縮二衡三衽每束一柏椁以端長六尺

以柏木黃心致累於棺外謂之黃腸木頭皆內向故云題湊其方一尺詳見漢書霍光傳及漢儀註

天子之哭諸侯也爵弁絰紂衣或曰使有司哭之爲之不以樂食

諸侯薨在國天子遥哭之不親見尸柩故不服緦衰弔而服士之祭服有司哭之非也惡夫涕之無從況使人乎

天子之殯也菆塗龍輴以椁加斧於椁上畢塗屋天子之禮也

菆塗龍輴以椁畫龍於輴車之轅以殯之又菆聚椁材以周龍輴而塗之先儒云以椁加椁也恐非

國亡大縣邑公卿大夫士皆厭冠哭於大廟三日君不舉或曰君舉而哭於后土

失敗喪地此末世之事知記禮者乃後代人也

孔子惡野哭者

謂哭不以禮爲野

禮記解卷三終

禮記解卷四

仁和後學朱文藻輯錄

宋廬陵胡銓澹菴著

汝霖　隆造　盛諫　光熊　光廷
廷棟　禮宗　盛誨　盛柯　光烯
嗣裔　昶　宮梅　盛沙　鎮南　光烈編次
鼎霈　學山　盛椿　光笏
一堅　盛梧　盛檍　鏡川　光筍

檀弓下

君遇柩於路必使人弔之

晉獻公之喪秦穆公使人弔公子重耳且曰寡人聞之亡國恒於斯得國恒於斯雖吾子儼然在憂服之中喪亦不可久也時亦不可失也孺子其圖之以告舅犯舅犯曰孺子其辭焉喪人無寶仁親以爲寶父死之謂何又因以爲利而天下其孰能說之孺子其辭焉公子重耳對客曰君惠弔亡臣重耳身喪父死不得與於哭泣之哀以爲君憂父死之謂何或敢有他志以辱君義稽顙而不拜哭而起起而不私子顯以致命於穆公穆公曰仁夫公子重耳夫稽顙而不

拜則未爲後也故不成拜哭而起則愛父也起而不私則遠利也

儼然猶蕲然仁親以爲寶仁愛於親也勸之孝於親父死之謂何又因以爲利若爭國是利父喪

銘明旌也以死者爲不可別已故以其旗識之愛之斯錄之矣敬之斯盡其道焉耳

不可別溟溟難見

唯祭祀之禮主人自盡焉爾豈知神之所饗亦以主人有齊敬之心也

自盡加飾

反哭升堂反諸其所作也主婦入于室反諸其所養也

所作親動作之處

卒哭曰成事是日也以吉祭易喪祭明日祔于祖父其變而之吉祭也比至於祔必於是日也接不忍一日未有所歸也殷練而祔周卒哭而祔孔子善殷

既夕禮曰卒哭明日以其班祔蓋周禮也祔猶屬也屬昭穆之次

穆公問於子思曰爲舊君反服古與子思曰古之君子進人以禮退人以禮故有舊君反服之禮也今之君子進人若將加諸膝退人若將隊諸淵毋爲戎首不亦善乎又何反服之禮之有

楚鄖公辛曰君討臣誰敢讎之則臣無讎君之義服亦可也

悼公之喪季昭子問於孟敬子曰爲君何食敬子曰食粥天下之達禮也吾三臣者之不能居公室也四方莫不聞矣勉而爲瘠則吾能毋乃使人疑夫不以

情居瘠者乎哉我則食食

食食不食粥非也禮小祥則飯素食

有子與子游立見孺子慕者有子謂子游曰予壹不知夫喪之踊也予欲去之久矣情在于斯其是也夫

子游曰禮有微情者有以故興物者有直情而徑行者戎狄之道也禮道則不然人喜則斯陶陶斯咏咏斯猶猶斯舞舞斯慍慍斯戚戚斯歎歎斯辟辟斯踊矣品節斯斯之謂禮

予欲去之久矣情在于斯其是也夫言不可去陶

樂猶若所謂君子蓋猶猶之猶鄭讀猶爲搖動恐

非舞斯慍人鼓舞則氣激怒慍斯戚慘矣

人死斯惡之矣無能也斯倍之矣是故制絞衾設蔞翣爲使人勿惡也始死脯醢之奠將行遣而行之既葬而食之未有見其饗之者也自上世以來未之有舍也爲使人勿倍也故子之所刺於禮者亦非禮之訾也

倍與背同古字多假借

公叔文子卒其子戍請謚於君曰日月有時將葬矣

請所以易其名者君曰昔者衛國凶饑夫子爲粥與國之餓者是不亦惠乎昔者衛國有難夫子以其死衛寡人不亦貞乎夫子聽衛國之政脩其班制以與四鄰交衛國之社稷不辱不亦文乎故謂夫子貞惠文子

春秋書歸粟譏人臣私惠作福文子不佐其君賑窮而私爲粥不可也以死衛君于經傳不見據史鰌勸文子執臣禮則文子嘗不臣矣文子欲葬瑕丘恐不能脩班制

衛有大史曰柳莊寢疾公曰若疾革雖當祭必告公再拜稽首請於尸曰有臣柳莊也者非寡人之臣社稷之臣也聞之死請往不釋服而往遂以襚之與之邑裘氏與縣潘氏書而納諸棺曰世世萬子孫毋變也

春秋書衛遣弒而後入罪其黨甯喜與弒也豈弒逆之人能親賢如此乎必不能也

仲遂卒于垂壬午猶繹萬入去籥仲尼曰非禮也卿卒不繹

此一節全錄春秋知記禮者駁雜

工尹商陽與陳弃疾追吳師及之陳弃疾謂工尹商陽曰王事也子手弓而可手弓子射諸射之斃一人韔弓又及謂之又斃二人每斃一人揜其目止其御曰朝不坐燕不與殺三人亦足以反命矣孔子曰殺人之中又有禮焉

韔弓不欲重傷殺敵爲果易之戮也商陽殺敵不果而云朝燕不與又以私怨懟其君安得爲有禮葢春秋無義戰彼善於此而已

諸侯伐秦曹桓公卒於會諸侯請含使之襲

曹伯廬卒於師見春秋經此云會誤矣

襄公朝於荆康王卒荆人曰必請襲魯人曰非禮也

荆人强之巫先拂柩荆人悔之

春秋只書子此稱王記禮者誤也又曲禮云夷狄

雖大曰子此乃稱王首尾矛盾

孺子𪏆之喪哀公欲設撥問於有若有若曰其可也

君之三臣猶設之顏柳曰天子龍輴而椁幬諸侯輴

而設幬爲榆沈故設撥三臣者廢輴而設撥竊禮之

不中者也而君何學焉

檮不以椰而覆以他物廢贍欲竊禮設撥則不中

禮

魯人有周豐也者哀公執摯請見之而曰不可公曰我其已夫使人問焉曰有虞氏未施信于民而民信之夏后氏未施敬於民而民敬之何施而得斯于民也對曰墟墓之閒未施哀于民而民哀社稷宗廟之中未施敬于民而民敬殷人作誓而民始畔周人作會而民始疑苟無禮義忠信誠慤之心以涖之雖固

結之民其不解乎

魯之失民久矣政在三家數世矣而哀公方且患之晚矣

邾婁考公之喪徐君使容居來弔含曰寡君使容居坐含進侯玉其使容居以含有司曰諸侯之來辱敝邑者易則易于則于易于雜者未之有也容居對曰容居聞之事君不敢忘其君亦不敢遺其祖昔我先君駒王西討濟于河無所不用斯言也容居魯人也不敢忘其祖

易猶治也如禾易長畝之易于舒大之義于者于于然而來之于漢史云單于大貌容居聞義不能從

齊大饑黔敖為食於路以待餓者而食之有餓者蒙袂輯屨貿貿然來黔敖左奉食右執飲曰嗟來食揚其目而視之曰予唯不食嗟來之食以至於斯也從而謝焉終不食而死曾子聞之曰微與其嗟也可去其謝也可食

輯斂也若輯杖然微與小之今之君子之急于祿

食也嗟而不去不謝而食者多矣視餓者有愧也

邾婁定公之時有弑其父者有司以告公瞿然失席曰是寡人之罪也曰寡人嘗學斷斯獄矣臣弑君凡在官者殺無赦子弑父凡在宫者殺無赦殺其人壞其室洿其宫而豬焉蓋君踰月而后舉爵

春秋弑逆多矣唯邾無弑逆之事故邾定公以爲非常而驚也春秋書蔡人殺陳他明弑逆之賊人皆得討豬猶瀦言洿其宫而瀦水也鄭云豬都也恐非

晉獻文子成室晉大夫發焉張老曰美哉輪焉美哉奐焉歌於斯哭於斯聚國族於斯文子曰武也得歌於斯哭於斯聚國族於斯是全要領以從先大夫於九京也北面再拜稽首君子謂之善頌善禱

謂晉君賀其成室恐非也恐趙武謚獻文爾當考

魯莊公之喪既葬而絰不入庫門士大夫既卒哭麻不入

既葬而絰不入庫門經意譏魯君忘哀之速爾故春秋閔二年書吉禘亦譏吉之早也

歲旱穆公召縣子而問然曰天久不雨吾欲暴尩而奚若曰天則不雨而暴人之疾子虐毋乃不可與然則吾欲暴巫而奚若曰天則不雨而望之愚婦人於以求之毋乃已疏乎徙市則奚若曰天子崩巷市七日諸侯薨巷市三日爲之徙市不亦可乎

春秋僖二十一年夏大旱公欲焚巫尩臧文仲曰巫尩何爲天欲殺之則如勿生若能爲旱焚之滋甚杜氏云尩瘠病之人面上向俗云天哀其病恐雨入其鼻故旱不經之說今所不取

禮記解卷四終

禮記解卷五

仁和後學朱文藻輯錄

宋廬陵胡銓澹菴著

廷棟 一堅 廷幹 鎮南 光燕

鼎顯 盛海 盛槐 盛楧 光簪

嗣裔 昶 宮梅 盛謙 盛梅 光烈編次

鼎霈 應鈞 盛本 盛祿 光烯

汝霖 學山 毓秀 光薰 光誼

王制

天子之田方千里公矦田方百里伯七十里子男五

十里不能五十里者不合於天子附於諸侯曰附庸
鄭云此殷所因夏爵三等之制也春秋變周之文
從殷之質合伯子男以爲一則殷爵三等者公侯
伯也此說非也春秋公羊傳桓十一年鄭忽何以
名春秋伯子男一也何休乃云春秋改周之文從
殷之質合伯子男爲一故鄭據以爲說又元命包
云周爵五等法五精春秋三等象三光說者因此
以爲文家爵五等質家爵三等又禮緯含文嘉亦
云殷爵三等夏亦三等是以諸儒又從鄭說皆不

經也案春秋尊周何嘗變周亦何嘗合伯子男以爲一且如杞入春秋書侯莊二十七年黜爲伯至僖二十三年貶稱子者以伯子男爲一何必書侯書伯書子以貶杞公羊妄爾據明堂位云脯鬼侯天問云梅伯受醢箕子佯狂則殷有侯有伯有子也則亦有男可知矣是殷亦備五等也鄭氏乃云微子箕子是畿内采地之爵不得爲子男之子則天子三公亦不得稱公侯之公乎推此則鄭云殷爵三等者非也夏有塗山之會執玉帛者萬國若

只三等諸侯則不得稱爲萬國又孝經夏制也而云公侯伯子男是五等也則鄭云殷所因夏爵三等者又非矣元命包與含文嘉之文妄可知也且如孟子荅北宫錡之問周室班爵禄也曰天子一位公一位侯一位伯一位子男同一位凡五等似合於文家爵五等之説然又云君一位卿一位大夫一位上士一位中士一位下士一位則文家又有六等矣又云天子地方千里諸侯百里伯七十里子男五十里則文家又有四等矣又云大國地

方百里次國七十里小國五十里又書武成云分土惟三孔氏曰公侯百里伯七十里子男五十里爲三品則文家亦有三等而以爲周尚質可乎豈變文以從質乎然則殷有三等周亦有三等周有四等五等六等殷亦有四等五等六等矣故自虞氏五端五玉以來制爲五等夏殷周因之未之有改不可謂虞周有公侯伯子男五等之制殷獨三等也借曰殷改虞夏之制合爲三等於書不見也於詩不見也而信禮緯之說可哉

次國之上卿位當大國之中中當其下下當其上大夫小國之上卿位當大國之下卿中當其上大夫下當其下大夫其有中士下士者數各居其上之三分

次國之上卿至下當其下大夫此臧宣叔之言也見左氏成公三年中士下士謂諸侯國內自有上中下三等之士也士之數國各二十七八三分之上士之數居大半中士下士之數各居上士之三爾先儒謂居上三分之二據經只云居其上之三分並不云三分之二又前云上士倍中士中士倍

下士豈亦是大國士爲上次國士爲中小國士爲下鄭誤矣

天子之縣內方百里之國九七十里之國二十有一五十里之國六十有三凡九十三國名山大澤不以盼其餘以祿士以爲閒田

案詩玄鳥篇云邦畿千里周官職方云千里曰王畿殷周皆稱畿不言縣故鄭以爲夏制案月令云百縣豈亦夏制乎要之畿縣皆通稱王制大概通論三代地制爾先儒乃云夏禹之初有四百國末

世地減湯承夏末制爲九十三國故與四百國不同此葢附會鄭說也究經意大約記先代之制不必指言其代也縣內大國九三公之田三餘六以待盼賜三公之有功者亦或待王之别有所封爾次國二十一卿之田六餘十五以待盼賜卿之有功者亦或待王之别有所封爾小國六十三大夫之田二十七餘三十六以待盼賜大夫之有功者亦或待王之别有所封爾故下云名山大澤不以盼則知此九十三國不葢爲公卿大夫之田葢待

上別有所盼也鄭乃云爲有致仕者副之又其餘以待封王之子弟於經何以見之且公卿大夫在位則有定員若致仕則或多或少豈有定數今云公之致仕者三卿之致仕者六大夫之致仕者二十七限以員數恐非通論今所不取也

凡九州千七百七十三國天子之元士諸侯之附庸不與

此經總明畿內畿外大計地方三千里畿外八州州二百一十國八州千六百八十國幷畿內九十

三國計千七百七十三國下云方百里者六十四方十里者九十六則天子之元士也下又云其餘方百里者十方十里者六十則諸侯之附庸也不在千七百七十三國之數故云不與鄭謂禹承堯舜有萬國是則然矣謂湯承夏末之後亦分九州建此千七百七十三國似未然也且鄭必以此爲殷制然下云天子七廟及雜論虞夏殷周四代之制豈專據殷哉又洛誥傳云天下諸侯來進受命于周退見文武尸者千七百七十三諸侯又孝經

說曰周千八百諸侯布列五千里內又異義公羊說殷三千諸侯周千八百諸侯則周制正與此千七百七十三國之數合鄭不據周而據殷何也且孝經緯及異義公羊說固不足盡信今案書武王伐紂三分有二八百諸侯則殷諸侯千二百耳與此國數亦自不合鄭又援孝經緯不經之書以爲據今所不取

千里之外設方伯五國以爲屬屬有長十國以爲連連有帥三十國以爲卒卒有正二百十一國以爲州

州有伯八州八伯五十六正百六十八帥三百三十六長八伯各以其屬屬於天子之老二人分天下以爲左右曰二伯

屬聯連比卒伍州聚也據左氏州牧得征五侯九伯則知周制牧下有二伯侯得爲之故詩旄丘責衛伯也衛是侯爵而爲州伯若伯之賢者亦進爲牧故周禮宗伯八命作牧謂侯伯有功德者加命得專征伐爲牧也鄭乃云殷之州長曰伯虞夏及周皆曰牧今案書覲四岳羣牧是虞稱牧也左氏

宣三年云夏貢金九牧是夏稱牧也大宰云施典于邦國建其牧是周稱牧也然虞雖稱牧而書傳云唯元祀巡四岳八伯則亦稱伯周雖稱牧而鄭荅張逸云周官畿內之州不置伯牧卽伯也則亦稱伯今謂殷獨稱伯虞夏周皆稱牧故不稱伯者非也

天子三公九卿二十七大夫八十一元士

鄭以爲夏制以周官三百六十此百二十而明堂位殷官二百故云夏制然以明堂位夏后氏之官

百則比此官數爲少以書夏商官倍是爲二百則比此官數爲多是夏之官數與此亦不合鄭何據也且王制鄭皆以爲殷此獨云夏首末已自舛戾況又數不合乎可疑也

大國三卿皆命於天子下大夫五人上士二十七人次國三卿二卿命於天子一卿命於其君下大夫五人上士二十七人小國二卿皆命於其君下大夫五人上士二十七人

鄭氏謂此皆夏制今案周禮凡三等國卿大夫士

之數悉與此同又春秋周法也魯季孫司徒叔孫司馬孟孫司空三卿也曾子問亦明周法而云國家五官則五大夫又冢宰施典於邦國設其參傅其伍參謂三卿伍謂伍大夫也則此乃周制鄭氏必以爲夏官何哉

禮記解卷五終

禮記解卷六

仁和後學朱文藻輯錄

宋廬陵胡銓澹菴著

汝霖　隆造　盛諫　光熊　光廷
廷棟　禮宗　盛誨　盛柯　光烯
嗣裔　昶　宮梅　盛沙　鎮南　光烈編次
鼎霈　學山　盛椿　光笏
一堅　盛梧　盛櫶　鏡川　光筍

凡官民材必先論之論辨然後使之任事然後爵之位定然後祿之

論謂物論自古用人必采公論以辨别當否任事然後爵之所謂試可位定謂材稱其位公論翕然定矣然後祿之末世位不定而尸祿者滔滔皆是爵人於朝與士共之刑人於市與衆棄之是故公家不畜刑人大夫弗養士遇之塗弗與言也屏之四方唯其所之不及以政示弗故生也

必共之者合公議也岳牧咸薦舜是也必與衆者不私殺人也示弗故先儒云不欲其生也夫舜有五流即此屏之四方也舜亦不欲其生乎如使舜

不欲其生意在殺之安得爲好生之德哉究經意葢謂所以困苦之者示若弗故生欲其改過乃若聖人之心則未嘗不欲其生也

諸侯之於天子也比年一小聘三年一大聘五年一朝

堯典五載一巡守羣后四朝鄭云虞夏之制諸侯歲朝是也然鄭說孝經及熊氏說則皆云諸侯五年一朝天子天子亦五年一巡守今考鄭意葢謂舜時巡守之年諸侯朝于方岳之下其間四方諸

侯分來朝於京師歲徧是歲一朝也鄭說合矣孝經註及熊氏說非也然鄭謂此大聘朝晉文霸之時所制則非案左氏昭三年鄭子大叔曰文襄之霸令諸侯三歲而聘五歲而朝故鄭據以爲解不知子大叔之言乃諸侯朝霸主之法非朝天子也況文襄身不肯朝京師豈能令諸侯朝天子乎夫襄王狩於河陽晉文帥諸侯朝於王所而已不朝於周也然鄭註誤矣

天子不合圍諸侯不掩羣天子殺則下大綏諸侯殺

則下小綏大夫殺則止佐車佐車止則百姓田獵綏登車索也已殺獵止之時不復驅車故下之下謂執綏不抗而弛綏也詩傳云天子發抗大綏諸侯發抗小綏抗謂不下也此云綏故下云止佐車皆一類也鄭云綏作緌有虞氏之旗也案明堂位夏后氏之緌故鄭引之彼論旌旗以綏爲緌可也此論獵止弛綏及止佐車皆是車一類不必易爲緌也鄭多改經文非也鄭又謂下爲弊云弊仆於地也案山虞植虞旗澤虞植虞旌謂田罷致禽於

旌旗也植立也田罷當立旗豈有斃仆於地之理又可見緌非綏也先儒云此冬獵之時也則大綏小綏是夏殷之法故秋冬田皆用綏異於周春夏田用緌也且鄭既以緌爲有虞氏之旗則夏殷周安得用之今云夏殷秋冬用綏周春夏用綏又明此大綏小綏非緌也

天子諸侯祭因國之在其地而無主後者

因國謂所都所封之內因古先聖哲所居之地若晏子云爽鳩氏始居此地而後季萴因之有逢伯

陵因之蒲姑氏因之而後大公因之之因也

天子社稷皆大牢諸侯社稷皆少牢大夫士宗廟之祭有田則祭無田則薦庶人春薦韭夏薦麥秋薦黍冬薦稻韭以卵麥以魚黍以豚稻以鴈

天子至士皆祭以首時魯亦以孟月祭其周禮四仲祭者因田獵而獻禽非正祭也大夫士既以首時祭故仲月薦然服虔昭元年傳君祭孟月臣仲月故司馬公祭儀亦用仲月從服氏也

古者公田藉而不稅市廛而不稅關譏而不征林麓

川澤以時入而不禁夫圭田無征

周畿內用貢法然鄉遂及公邑若采地卽爲井田與畿外同亦助法矣周邦國用助法制公田然畿外邦國雖立公田其實諸侯郊外亦用貢法故孟子云野九夫之田而稅一卽九一而助國中什一使自賦也是周畿內畿外通用貢助不皆如鄭說夫發語辭圭潔也言卿大夫德行潔與之田也此不知何代法周則有征

司空執度度地居民山川沮澤時四時量地遠近興

事任力凡使民任老者之事食壯者之食

不役老者使民之壯者代任其事功雖代老者之役爲輕而給壯者之糧則厚

司徒脩六禮以節民性明七教以興明德齊八政以防淫一道德以同俗養耆老以致孝恤孤獨以逮不足上賢以崇德簡不肖以絀惡

從司徒脩六禮至升諸司馬曰進士皆是司徒教事自命鄉論秀士至下造士皆崇德也自命鄉簡不帥教至終身不齒皆絀惡也

命鄉論秀士升之司徒曰選士司徒論選士之秀者而升之學曰俊士升於司徒者不征於鄉升於學者不征於司徒曰造士

升之學爲其有德行道藝不但可使學禮而已

樂正崇四術立四教順先王詩書禮樂以造士春秋教以禮樂冬夏教以詩書王大子王子羣后之大子卿大夫元士之適子國之俊選皆造焉凡入學以齒

鄭蓋以文王世子云春誦夏弦故必謂詩樂屬陽又以文王世子云秋學禮冬讀書故必謂書禮屬

陰此說近鑿夫四教不可一日而闕郤縠設禮樂而敦詩書豈分四時孔子言學詩學禮何必夏教詩秋教禮孟子曰誦其詩讀其書何必詩於夏書於冬哉若云秋必禮春必樂則大胥云秋頒樂合聲文王世子云秋冬學羽籥秋亦可教樂矣不必春也若云冬必書夏必詩則文王世子云凡學春官釋奠于其先師鄭云官謂詩書禮樂之官則春亦可教詩書禮矣不必夏秋冬也鄭註云互言之其義未明故詳別其旨

大樂正論造士之秀者以告于王而升諸司馬曰進士司馬辨論官材論進士之賢者以告于王而定其論論定然後官之任官然後爵之位定然後祿之

論賢者告於王則不賢者固不告矣後世策士於王庭不論人材賢否皆授以官非古論賢之義也定其論謂公論皆定於一無異議物論旣定乃試以官古者爲官擇人必合公論

大夫廢其事終身不仕死以士禮葬之

案春秋大夫有過被黜則不書卒以其卒時非大

夫也匡衡楊僕免爲庶人李德裕貶爲參軍皆不書襲

司寇正刑明辟以聽獄訟必三刺有旨無簡不聽附從輕赦從重

古者刑辟書於簡所謂簡書是也書於簡則有實迹呂刑云無簡不聽又云五辭簡孚皆實也

凡制五刑必卽天論郵罰麗於事

郵尤也成帝紀云上天見異以顯朕郵此言尤人罰人皆當麗著本罪呂刑云惟時苗民匪察于獄

之麗

大史典禮執簡記奉諱惡

諱惡謂人主所諱言而惡聞者賈山云人主惡聞其過是也故下云受諫

天子齊戒受諫司會以歲之成質於天子冢宰齊戒受質大樂正大司寇市三官以其成從質於天子大司徒大司馬大司空齊戒受質百官各以其成質於三官大司徒大司馬大司空以百官之成質於天子百官齊戒受質然後休老勞農成歲事制國用

大樂正等由司會以正於王大司徒以下三官不由司會者以其總主萬民得自質於王司會但進其治要耳先儒云天子平斷畢報於下故百官受天子所質之要非也此謂百官自受在下所質正之要也

七十不俟朝八十月告存九十日有秩

月告存君使人每月問存否則老者告云存也秩常也君日使人膳則八十月告存之時亦致膳矣

禮記解卷六終

禮記解卷七

仁和後學朱文藻輯錄

宋廬陵胡銓澹菴著

廷棟　一堅　廷幹　鎮南　光燕

鼎顯　盛海　盛槐　盛楧　光篣

嗣裔　昶　宮梅　盛謙　盛梅　光烈編次

鼎霈　應鈞　盛本　盛祿　光烯

汝霖　學山　毓秀　光薰　光誼

月令

天子居青陽左个乘鸞路駕倉龍載青旂衣青衣服

倉玉食麥與羊其器疏以達

車馬衣服鄭謂皆取於殷時非周制也案殷乘木路此鸞路則明堂位云有虞氏之車也則車非殷矣檀弓殷人乘翰白馬也無言殷蒼龍者則馬非殷矣以周言之詩有鸞聲噦噦則周有鸞車也庾人云馬八尺以上曰龍則周馬曰龍也推此則鄭說非矣服玉謂冕旒及笄并佩玉也器疏若筐筥篚籩之屬象氣發散

是月也以立春先立春三日大史謁之天子曰某日

立春盛德在木天子乃齊立春之日天子親帥三公九卿諸侯大夫以迎春於東郊還反賞公卿諸侯大夫於朝

案禮器云饗帝于郊而風雨節寒暑時初不指言何帝鄭以爲蒼帝與大皥皆當祭不必分也鄭取春秋緯固不經而賈馬等亦大泥矣鄭又以此爲殷禮然王居明堂禮亦何嘗指以爲殷又逸禮亦豈盡足據此則謂之周禮可也

乃命大史守典奉法司天日月星辰之行宿離不貸

毋失經紀以初爲常

典法若大宰六典八法宿謂日月星辰所居之次天文志云填星居宿其國福厚又云五星所聚宿其國王是也若司天推步不職至於宿離其次而不能察則罪不原貸書曰先時者殺

是月也天子乃以元日祈穀于上帝乃擇元辰天子親載耒耜措之于參保介之御間帥三公九卿諸侯大夫躬耕帝藉天子三推三公五推卿諸侯九推反執爵于大寢三公九卿諸侯大夫皆御命曰勞酒

鄭謂此卽郊也案郊特牲云郊之用辛此云元日善日也則不必辛郊特牲又云郊迎長日之至註引易說謂春分日漸長則此未春分也郊特牲又云郊大報天此云上帝不可以包天也易說三王之郊一用夏正孟獻子云啓蟄而郊則此未啓蟄也獻子又云郊祀后稷此不祀后稷而祀帝也足明此但祈穀非郊天大祭故郊則可以兼祈穀春秋傳郊后稷以祈農事是也祈穀不可以兼郊詩云春夏祈穀詩豈謂郊乎參謂參乘者保介車右

甲士也御御車者凡三等先儒以保介及御皆謂參乘非也於時天子左御者中保介右參乘前置耒于參保介御之間而不近之者明已意在勸農非若神農氏之道與民並耕者之爲也藉之爲義應劭則云天子耕藉田千畝爲天下先藉者帝王典藉之常韋昭曰藉借也借民力以治之以奉宗廟而勸農鄭氏亦云帝藉爲天神借民力所治之田臣瓚云藉蹈藉也本以躬藉爲義不得以假借爲稱數說不同案躬耕帝王盛典則謂藉爲典藉

可也藉者耕借也春秋傳云穀出不過藉言借民力所治之田則謂藉爲借可也祭義云天子爲藉千畝國語宣王不藉千畝漢景詔朕親耕爲天下先而此云躬耕帝藉則藉是躬親履踐之義則謂蹈藉可也推其至當贊說爲優

王命布農事命田舍東郊皆脩封疆審端經術善相丘陵阪險原隰土地所宜五穀所殖以教道民必躬親之田事既飭先定準直農乃不惑

鄭以田爲田畯非也但謂凡趨田者爾

是月也命樂正入學習舞

以春陽動舞動容也鄭謂爲仲春將釋菜案文王世子云釋不舞則釋菜不爲舞也鄭見下云仲春習舞釋菜又大胥春入學舍菜合舞爲二者是一事不知釋菜習舞不同故月令先習舞大胥先舍菜大戴禮云萬用入學萬謂干舞足明習舞在學何休云湯武以萬人得天下故干舞稱萬夏小正夏書也樂亦稱萬禹亦以萬人治水也

是月也不可以稱兵稱兵必天殃兵戎不起不可從

我始毋變天之道毋絶地之理毋亂人之紀

天道若上云司天日月星辰之類地理若上云土地所宜之類人紀若上云布農事之類

是月也天子乃薦鞠衣于先帝命舟牧覆舟五覆五反乃告舟備具于天子焉天子始乘舟薦鮪于寢廟

案禮記五帝自服大裘不薦鞠衣又於帝言先明非五帝也案此經下云祈麥實安知非祈麥乎蠶桑后妃事非天子所當與

是月也命工師令百工審五庫之量金鐵皮革筋角

齒羽箭幹脂膠丹漆毋或不良

脂以柔皮革春秋傳腦所以柔物

命大尉贊傑俊遂賢良舉長大行爵出祿必當其位

習禮樂亦在學仲春習樂命樂正此命樂師輕也

遂達也書顯忠遂良長大謂學長德大者

命野虞出行田原爲天子勞農勸民毋或失時命司徒循行縣鄙命農勉作毋休于都

勞其勞者勸其惰者

農乃登麥天子乃以彘嘗麥先薦寢廟

麥性蘊毒故王制薦麥以魚而此嘗麥以彘宜其毒也嘗穀必薦寢廟一食不敢忘親

斷薄刑決小罪出輕繫

案書明審用刑無若舜但云毋殺不辜不云刑必秋冬亦不云夏不當刑也有大姦惡于此義在必戮過今日便不可而曰必俟立秋可乎若夫大姦大惡可以議獄緩死則盛夏勿論可也

蠶事畢后妃獻繭乃收繭稅以桑爲均貴賤長幼如一以給郊廟之服

鄭謂后妃受內命婦獻繭非也據經云后妃獻繭則獻於王矣鄭以祭義云世婦奉繭以示於君遂以獻夫人是夫人不獻故云后亦不獻案天子尊於后妃若諸侯與夫人體敵也不可以爲比又祭義云世婦獻繭於君則夫人不可獻也此不云世婦獻繭於天子則后妃自獻無疑也鄭又謂收外命婦繭稅案內宰職后妃帥外內命婦蠶則繭稅亦內外均何必外命婦

是月也天子飲酎用禮樂

案漢嘗酎及春秋襄二十二年見於嘗酎皆在廟祭而獻酎食貨志云酎飲酒亦於廟然此不云獻酎祭廟而云飲者蓋夏月時祭用酎常禮也祭畢則飲故不云獻

命有司爲民祈祀山川百源大雩帝用盛樂乃命百縣雩祀百辟卿士有益於民者以祈穀實

春秋雩二十一無書四月雩者以其正月此五月非矣

律中黃鍾之宮

土之聲氣與黃鍾之宮聲合爾聲合則氣合可知

孔氏云土寄王四季無候氣之管者非也管卽律

也若無管何云律中

乃命司服其飭衣裳文繡有恒制有小大度有長短

衣服有量必循其故冠帶有常

鄭以具飭衣裳文繡有常爲祭服者以禹致美黻

冕也以衣服有量爲朝燕服者以禹惡衣服也然

虞書言繪衣繡裳則不必祭服亦文繡也又易云

堯舜垂衣裳而天下治則燕朝亦云衣裳矣

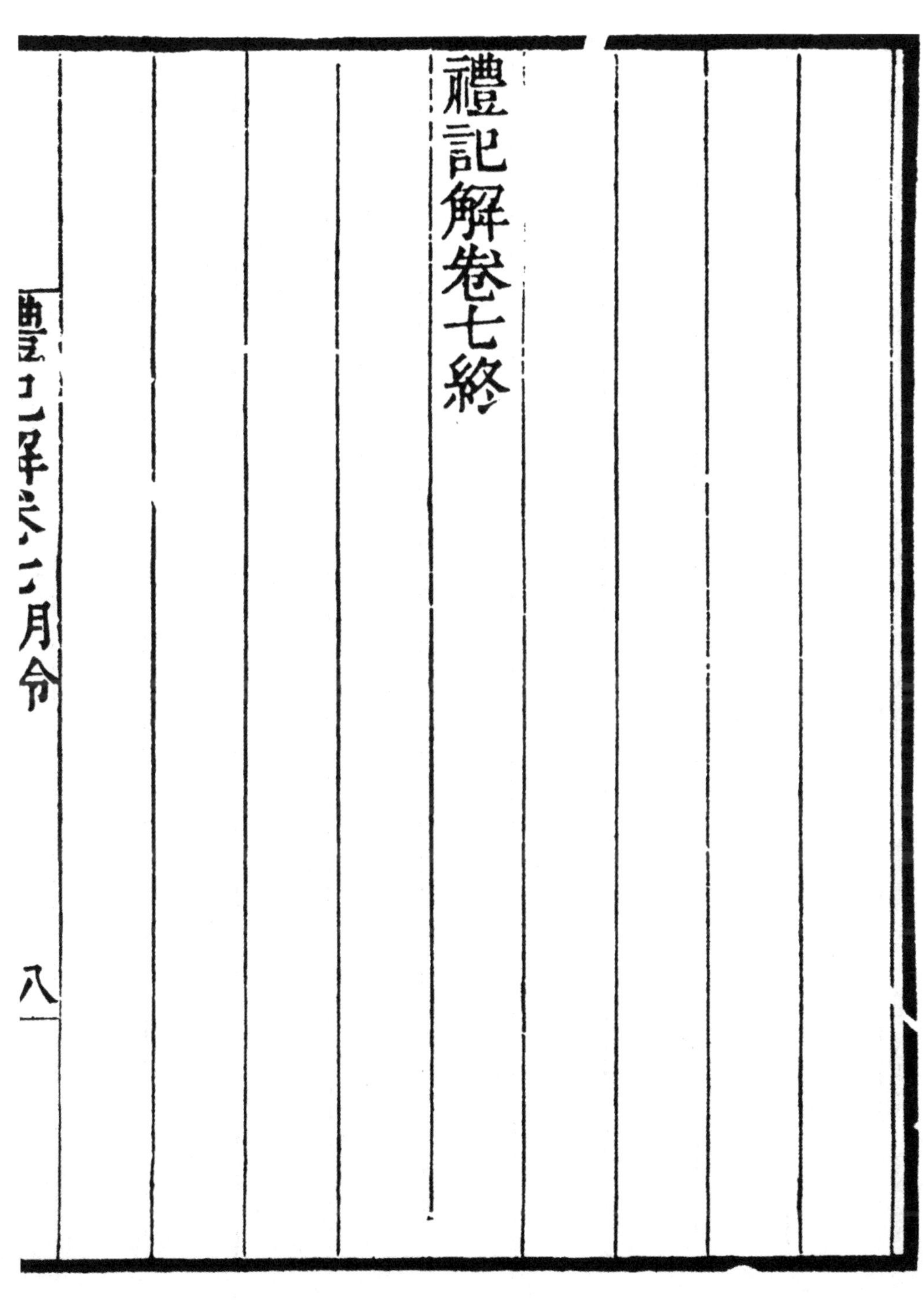

禮記解卷七終

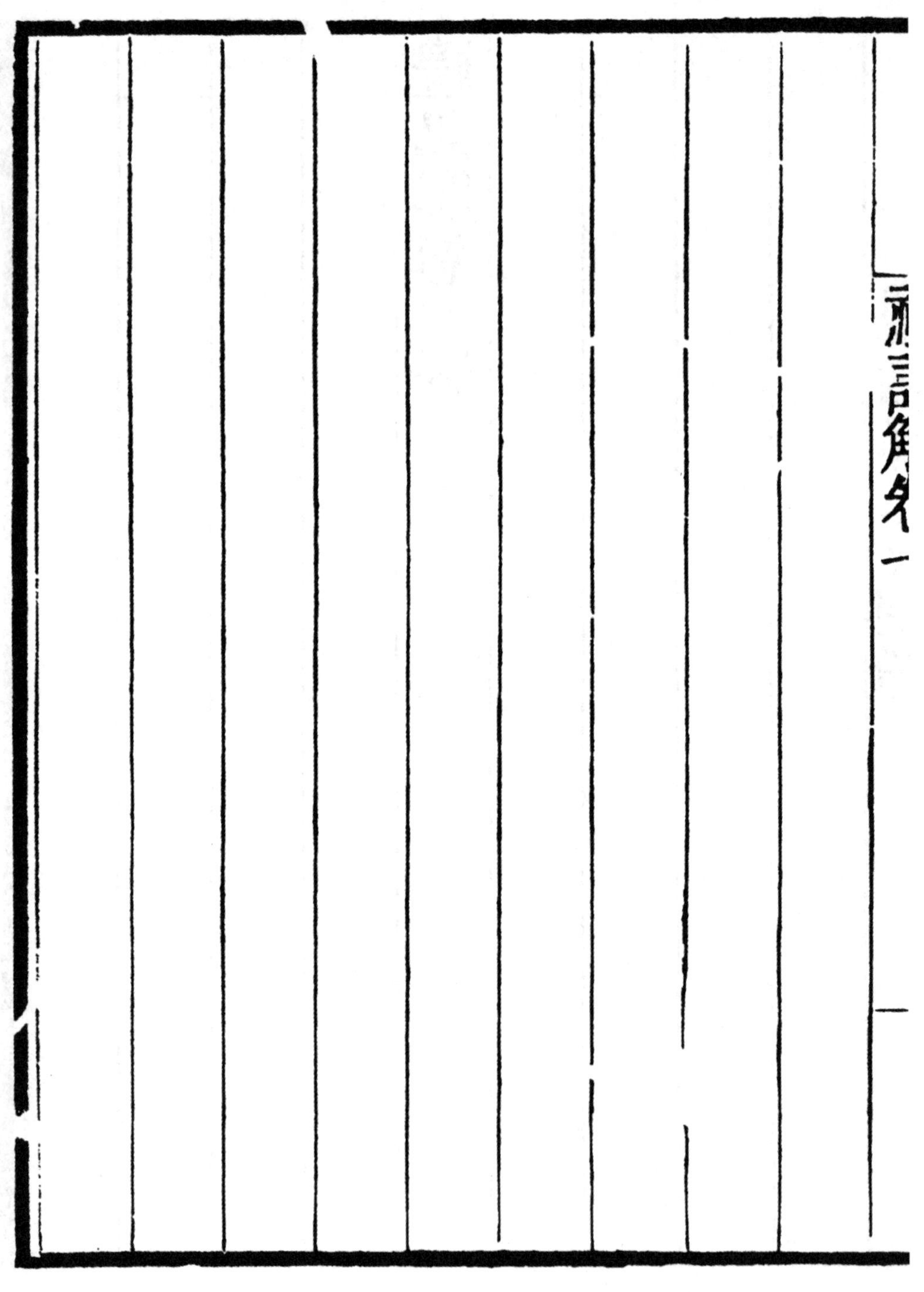

禮記解卷八　　仁和後學朱文藻輯錄

宋廬陵胡銓澹菴著

汝霖　隆造　盛諫　光熊　光廷

廷棟　禮宗　盛誨　盛柯　光烯

嗣裔　昶　宮梅　盛沙　鎮南　光烈編次

鼎霈　學山　盛椿　光笏

一堅　盛梧　盛檍　鏡川　光筍

曾子問

曾子問曰天子嘗禘郊社五祀之祭簠簋既陳天子

崩后之喪如之何孔子曰廢曾子問曰當祭而日食大廟火其祭也如之何孔子曰接祭而已矣如牲至未殺則廢

接祭謂接續行事不徐徐也鄭云接祭不迎尸案郊特牲云既灌然後迎牲則迎尸在未殺牲之前此經已殺牲後乃云不迎尸非也宗廟之祭未有先殺牲後迎尸者若夫中霤禮爲俎奠於主乃迎尸蓋五祀之祭非宗廟也

曾子問曰君之喪旣引聞父母之喪如之何孔子曰

遂旣封而歸不俟子

封壙卽歸不在子還之後鄭意爲子亦當速反而虞不俟封壙故讀封爲窆然長子歸虞餘子封壙乃歸也封如字

曾子問曰下殤土周葬于園遂輿機而往塗邇故也今墓遠則其葬也如之何孔子曰吾聞諸老耼曰昔者史佚有子而死下殤也墓遠召公謂之曰何以不棺斂於宮中史佚曰吾敢乎哉召公言於周公周公曰豈不可史佚行之下殤用棺衣棺自史佚始也

言是豈於禮不可葢恚言也先儒云豈者怪拒之
辭恐非

文王世子

文王之爲世子朝於王季日三雞初鳴而衣服至於寢門外問內豎之御者曰今日安否何如內豎曰安文王乃喜及日中又至亦如之及莫又至亦如之其有不安節則內豎以告文王文王色憂行不能正履王季復膳然後亦復初食上必在視寒煖之節食下問所膳命膳宰曰末有原應曰諾然後退武王帥而行之不敢有加焉文王有疾武王不說冠帶而養文王一飯亦一飯文王再飯亦再飯旬有二日乃問

緯書皆言文王九十六始稱王及崩謚曰文此不經之說蓋記者於後追稱王耳當考

文王謂武王曰女何夢矣武王對曰夢帝與我九齡文王曰女以爲何也武王曰西方有九國焉君王其終撫諸文王曰非也古者謂年齡齒亦齡也我百爾九十吾與爾三焉文王九十七乃終武王九十三而終

武王意以齡爲善故當撫有九國也言君王者鄭云此受命之後非也先儒云紂聞文王三伐皆勝

始畏惡之囚於羑里三伐謂自伐鬼方至犬戎則被囚在四年也於時若稱王則反狀暴白紂肯釋其囚邪書傳又云五年伐耆殷傳云五年之初得散宜生獻寶而釋文王先儒因謂是年克黎至六年伐崇則稱王故詩皇矣伐崇類禡行天子禮若然文王與紂爲二王矣安得云以服事紂乎且書云文王受命唯中身厥享國五十年是受命以後五十年乃崩今去受命七年而崩已自謬矣又云受命稱王妄可知也然則受命云者止謂諸侯獲

天助爾非稱王也詩書云王者皆追稱爾案文王三分有二今云九國未賓足明此稱君王者不足信也人之考折天定其數今曰吾與爾三是不知命非文王之言也文王受命惟中身謂五十也享國五十年則百矣云九十七非也

凡學世子及學士必時春夏學干戈秋冬學羽籥皆於東序小學正學干大胥贊之籥師學戈籥師丞贊之胥鼓南春誦夏弦大師詔之瞽宗秋學禮執禮者詔之冬讀書典書者詔之禮在瞽宗書在上庠

學書於虞庠則周之小學也學舞於夏之東序則周之大學也學禮樂於殷之瞽宗則弦誦也先儒云三代皆立大學小學則周別有大學小學矣非虞庠東序也當考

凡始立學者必釋奠于先聖先師及行事必以幣凡釋奠者必有合也有國故則否

先儒以國故爲是國故有此人遂謂此始立學者據諸侯也然經意大槩總論天子諸侯不必分也但天子立虞夏殷周四代之學諸侯止立時王一

代之學有大學小學爾

始立學者既興器用幣然後釋菜不舞不授器乃退儐于東序一獻無介語可也教世子

儐禮其賓於東序唯一獻無介但語可也

立大傅少傅以養之欲其知父子君臣之道也大傅審父子君臣之道以示之少傅奉世子以觀大傅之德行而審喻之大傅在前少傅在後入則有保出則有師是以教喻而德成也

養長養也猶易蒙以養正

仲尼曰昔者周公攝政踐阼而治抗世子法於伯禽所以善成王也聞之曰爲人臣者殺其身有益於君則爲之況于其身以善其君乎周公優爲之

漢書匈奴傳云于者廣大之貌

庶子之正於公族者敎之以孝弟睦友子愛明父子之義長幼之序

正謂公族之所取正

其在軍則守於公禰公若有出疆之政庶子以公族之無事者守於公宮正室守大廟諸父守貴宮貴室

諸子諸孫守下宮下室

以上言公宮則知上宮下宮皆人所居之宮也上言大廟則知貴室下室皆親廟而高祖以下也文十有三年大室屋壞室謂廟也

公族其有死罪則磬于甸人其刑罪則纖剸亦告于甸人公族無宮刑

告如字

獄成有司讞于公其死罪則曰某之罪在大辟其刑罪則曰某之罪在小辟公曰宥之有司又曰在辟公

又曰宥之有司又曰在辟及三宥不對走出致刑于甸人公又使人追之曰雖然必赦之有司對曰無及也反命于公公素服不舉爲之變如其倫之喪無服親哭之

有司又曰在辟以示後世臣執法宜堅其君用刑宜寬及三宥不對走出致刑于甸人春秋傳曰臣義而行不待命者此也

始之養也適東序釋奠於先老遂設三老五更羣老之席位焉適饌省醴養老之珍具遂發咏焉退脩之

以孝養也

之往也往養老之處始初也鄭謂始立學非遂發

咏焉此約大射禮賓入及庭奏肆夏也尊老故用

兩君敵禮入門而縣興

禮記解卷八終

禮記解卷九

仁和後學朱文藻輯錄

宋廬陵胡銓澹菴著

廷棟　一堅　廷幹　鎮南　光燕
鼎顯　盛海　盛槐　盛楰　光簪
嗣裔　昶　宮梅　盛謙　盛梅　光烈編次
鼎霈　應鈞　盛本　盛祿　光烯
汝霖　學山　毓秀　光薰　光誼

禮運

今大道既隱天下爲家各親其親各子其子貨力爲

己大人世及以爲禮城郭溝池以爲固禮義以爲紀以正君臣以篤父子以睦兄弟以和夫婦以設制度以立田里以賢勇知以功爲己故謀用是作而兵由此起禹湯文武成王周公由此其選也此六君子者未有不謹於禮者也以著其義以考其信著有過刑仁講讓示民有常如有不由此者在執者去衆以爲殃是謂小康

鄭云大人諸侯也案下云禹湯由此則大人謂天子禮以明義禮以成信禮以明罪禮以刑仁刑猶

型也禮以明讓禮以體常

夫禮之初始諸飲食其燔黍捭豚汙尊而抔飲蕢桴而土鼓猶若可以致其敬于鬼神及其死也升屋而號告曰皐某復然後飯腥而苴孰故天望而地藏也體魄則降知氣在上故死者北首生者南鄉皆從其初

蕢草也以草爲桴鄭以蕢爲凷非也若云誤聲不應明堂位又誤也土鼓廣雅文云築土爲鼓蓋築地以當鼓節籥章註以瓦爲匡不必築土也汙尊

鑿地汙下以盛酒抔若張釋之云一抔土據明堂位云蕢桴土鼓伊耆氏之樂則此皆神農氏伊耆

神農皆從其初皆取法於古初

故君者所明也非明人者也君者所養也非養人者也君者所事也非事人者也故君明人則有過養人則不足事人則失位故百姓則君以自治也養君以自安也事君以自顯也故禮達而分定故人皆愛其死而患其生

明猶視也言下之所察視達猶行也禮行分定人

皆見危致命愛死節而耻偷生

故聖人作則必以天地爲本以陰陽爲端以四時爲柄以日星爲紀月以爲量鬼神以爲徒五行以爲質禮義以爲器人情以爲田四靈以爲畜

聖人父天母地是本也本猶原也端始也柄所以斟酌言以四時斟酌和氣也紀次序也量限也月滿必虧持滿者取法焉鬼神天帝言與天爲徒也質實也五行萬物之所終始也器如農夫治田器也人情有治亂猶田之有荒墾也四靈治則見故

可畜亂則隱豈可畜哉

故禮行於郊而百神受職焉禮行於社而百貨可極焉禮行於祖廟而孝慈服焉禮行於五祀而正法則焉故自郊社祖廟山川五祀義之脩而禮之藏也

百神如詩云懷柔百神鄭指星辰大泥禮藏於郊社天地之中

夫禮必本於天動而之地列而之事變而從時協於分藝其居人也曰養其行之以貨力辭讓飲食冠昏喪祭射御朝聘

列而之事萬物皆以禮行變而從時禮隨時變

故禮義也者人之大端也所以講信修睦而固人肌膚之會筋骸之束也所以養生送死事鬼神之大端也所以達天道順人情之大竇也故唯聖人爲知禮之不可以已也故壞國喪家亡人必先去其禮

孟子言禮之端義之端葢生乎此肌膚之會筋骸之束所以爲人之幹云竇者禮義人所由以出入

故聖王修義之柄禮之序以治人情故人情者聖王之田也修禮以耕之陳義以種之講學以耨之本仁

以聚之播樂以安之

禮爲耒耜義爲種子學爲耘耔仁爲倉廩播樂以安之使人樂善不倦

故治國不以禮猶無耜而耕也爲禮不本於義猶耕而弗種也爲義而不講之以學猶種而弗耨也講之以學而不合之以仁猶耨而弗穫也合之以仁而不安之以樂猶穫而弗食也安之以樂而不達於順猶食而弗肥也

爲禮不本於義猶耕而弗種也不種不生學以植

善去惡猶耨也仁亦在夫熟之而已猶食而弗肥者五味調和不順雖食不澤

故禮之不同也不豐也不殺也所以持情而合危也故聖王所以順山者不使居川不使渚者居中原而弗敝也用水火金木飲食必時合男女頒爵位必當年德用民必順故無水旱昆蟲之災民無凶饑妖孽之疾

持情合危持情使正合危使安

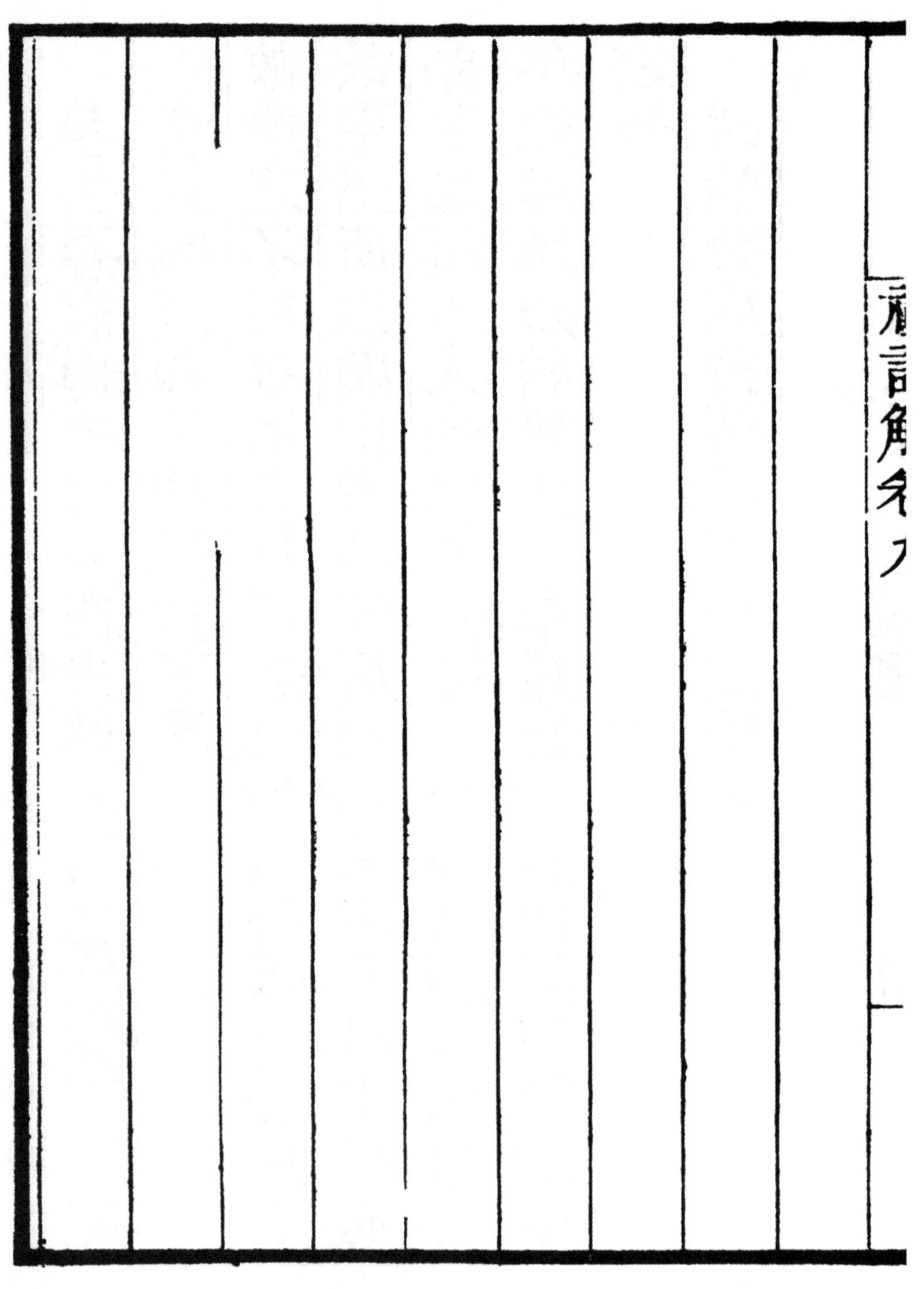

禮器

禮時爲大順次之體次之宜次之稱次之堯授舜舜授禹湯放桀武王伐紂時也詩云匪革其猶聿追來孝天地之祭宗廟之事父子之道君臣之義倫也社稷山川之事鬼神之祭體也喪祭之用賓客之交義也羔豚而祭百官皆足大牢而祭不必有餘此之謂稱也

宜合宜稱各當分羔豚大牢此總指天子諸侯祭耳云羔豚者見雖小必足也

禮之以多爲貴者以其外心者也德發揚詡萬物大理物博如此則得不以多爲貴乎故君子樂其發也禮之以少爲貴者以其內心者也德產之致也精微觀天下之物無可以稱其德者如此則得不以少爲貴乎是故君子慎其獨也

外心漢康衡云廣心浩大詡大也少儀云會同主詡在下君子樂君德之發見內心若道心惟微也

孔子曰臧文仲安知禮夏父弗綦逆祀而弗止也燔柴於奧夫奧者老婦之祭也盛於盆尊於瓶

祭竈先薦於奥有主有尸用時特牲迎尸如宗廟之儀但無燔柴耳鄭以爲爨誤矣

禮也者猶體也體不備君子謂之不成人設之不當猶不備也禮有大有小有顯有微大者不可損小者不可益顯者不可揜微者不可大也故經禮三百曲禮三千其致一也未有入室而不由戶者

春秋傳曰嘉事不體何以能久

君子之於禮也有直而行也有曲而殺也有經而等也有順而討也有撕而播也有推而進也有放而文

也有放而不致也有順而摭也

討求也若郊特牲殷人先求陽周人先求陰順也

三代之禮一也民共由之或素或青夏造殷因

一謂上九事三代同也

是故君子之於禮也非作而致其情也此有由始也

是故七介以相見也不然則已慤三辭三讓而至不

然則已蹙故魯人將有事於上帝必先有事於頖宮

晉人將有事於河必先有事於惡池齊人將有事於

泰山必先有事於配林三月繫七日戒三日宿慎之

至也故禮有擯詔樂有相步溫之至也

非自我作古直任己情春秋傳禮與天地竝言已久

禮也者反其所自生樂也者樂其所自成是故先王之制禮也以節事修樂以道志故觀其禮樂而治亂可知也蘧伯玉曰君子之人達故觀其器而知其工之巧觀其發而知其人之知故曰君子愼其所以與人者

子大叔曰禮者民之所由生故觀其禮樂而治亂

可知如叔向知王室亂季札觀樂之類

祀帝於郊敬之至也宗廟之祭仁之至也喪禮忠之至也備服器仁之至也賓客之用幣義之至也故君子欲觀仁義之道禮其本也

喪禮哀慕由衷賓客相弔恤義也有禮必有仁義人而不仁如禮何

禮記解卷九終

禮記解卷十

宋廬陵胡銓澹菴著　　仁和後學朱文藻輯録

汝霖　禮宗　盛諫　光熊　光廷

廷楝　隆造　盛誨　盛柯　光烯

嗣裔　昶　宮梅　盛沙　鎮南　光烈編次

鼎霈　學山　盛椿　光笏

一堅　盛橬　盛檍　鏡川　光筍

喪服小記

王者禘其祖之所自出以其祖配之而立四廟庶子

王亦如之

鄭謂世子有廢疾而庶子立如昭七年左氏云孟縶之類案經傳庶子王多矣豈世子盡有疾

庶子不祭殤與無後者殤與無後者從祖祔食

此與曾子問中義同語異也

少儀

毋拔來毋報往毋瀆神毋循枉毋測未至士依於德游於藝工依於法游於說毋訾衣服成器毋身質言語

拔猶拒也報猶追也測未至測謂不窮理而幸中如子貢毋身質言語身已也有疑當就有道而正毋斷以己意

言語之美穆穆皇皇朝廷之美濟濟翔翔祭祀之美齊齊皇皇車馬之美匪匪翼翼鸞和之美肅肅雍雍

鄭讀騑騑爲騑騑以詩有四牡騑騑四牡翼翼之文今從之餘竝如字不勞改讀

學記

大學之法禁於未發之謂豫當其可之謂時不陵節而施之謂孫相觀而善之謂摩此四者教之所由興也

易蒙卦初六發蒙則知未發謂童蒙之初也其志不分防之宜早康衡曰謹防其端禁於未然詩傳人少而端慤長大無欲十有五而志于學三年通一經三十而五經立此皆學之時不陵節若學詩學禮之次

善學者師逸而功倍又從而庸之不善學者師勤而功半又從而怨之

庸謂用師之道見於日用也怨若陳子禽毀仲尼

善問者如攻堅木先其易者後其節目及其久也相說以解不善問者反此善待問者如撞鐘叩之以小者則小鳴叩之以大者則大鳴待其從容然後盡其聲不善荅問者反此此皆進學之道也

鐘隨叩而隨應能待問者亦隨問而荅從容謂再三叩也問傳云大功之哭三曲而偯偯聲餘從容也

盡其聲謂無隱也如以莛撞鐘而應之以大益不善荅問者

樂記

故禮以道其志樂以和其聲政以一其行刑以防其姦禮樂刑政其極一也所以同民心而出治道也

極中也禮樂刑政合乎民心是謂中

人生而靜天之性也感於物而動性之欲也物至知知然後好惡形焉好惡無節於内知誘於外不能反躬天理滅矣

欲情也董生曰情者人之欲也禮運云喜怒哀樂愛惡欲謂之七情易取於艮其背者背則不見可

欲也知知所知者多也人病以多知爲雜理猶道也鄭謂理情也案易說卦云窮理盡性則理性各別

樂至則無怨禮至則不爭揖讓而治天下者禮樂之謂也暴民不作諸侯賓服兵革不試五刑不用百姓無患天子不怒如此則樂達矣合父子之親明長幼之序以敬四海之內天子如此則禮行矣

樂至則無怨禮至則不爭此明堯舜之揖讓異乎後世之戰爭禮至樂至謂躬行之至此云樂達禮

行謂施乎天下之盛

是故清明象天廣大象地終始象四時周還象風雨五色成文而不亂八風從律而不姦百度得數而有常小大相成終始相生唱和清濁迭相爲經

如詩歌清廟維清言樂與德皆清明也如詩奏文武樂與德皆廣大也

故曰樂者樂也君子樂得其道小人樂得其欲以道制欲則樂而不亂以欲忘道則惑而不樂

以道制欲易所謂窒欲以欲忘道曲禮所謂從欲

樂者心之動也聲者樂之象也文采節奏聲之飾也君子動其本樂其象然後治其飾

前論舞於聲心相應故此又言樂之心見於舞

是故先鼓以警戒三步以見方再始以著往復亂以飭歸奮疾而不拔極幽而不隱獨樂其志不厭其道備舉其道不私其欲是故情見而義立樂終而德尊君子以好善小人以聽過故曰生民之道樂爲大焉

再始謂每曲一終更發始爲之凡再更發始也鄭云象十一年觀兵孟津十三年往伐凡再往也案

此經汎論樂不指武王至賓牟賈論武之備再成而滅商乃武王再往之事不應前後諄沓也餘歸謂大抵師出當以嚴歸也極幽幽感鬼神也生養也樂助天地之化育是爲大

文侯曰敢問何如子夏對曰夫古者天地順而四時當民有德而五穀昌疾疢不作而無妖祥此之謂大當然後聖人作爲父子君臣以爲紀綱紀綱既正天下大定天下大定然後正六律和五聲弦歌詩頌此之謂德音德音之謂樂詩云莫其德音其德克明克

明克類克長克君王此大邦克順克俾俾于文王其德靡悔既受帝祉施于孫子此之謂也

父子紀綱閨門君臣紀綱朝廷禮緯引三綱不經之論今所不取

爲人君者謹其所好惡而已矣君好之則臣爲之上行之則民從之詩云誘民孔易此之謂也

好惡謂好古樂惡新樂也誘謂導之

且女獨未聞牧野之語乎武王克殷反商未及下車而封黃帝之後於薊封帝堯之後於祝封帝舜之後

於陳下車而封夏后氏之後於杞投殷之後於宋封王子比干之墓釋箕子之囚使之行商容而復其位庶民弛政庶士倍祿濟河而西馬散之華山之陽而弗復乘牛散之桃林之野而弗復服車甲衅而藏之府庫而弗復用倒載干戈包之以虎皮將帥之士使爲諸侯名之曰建櫜然後天下知武王之不復用兵也

薊卽涿郡薊縣燕國之郡也孔安國司馬遷及鄭皆云燕國郡召公與周同姓陸德明云黃帝姓姬

君顓其後也然則豈黃帝之後封薊者滅絶而更封燕郡乎而皇甫謐以召公爲文王庶子記傳無見又左傳富辰之言亦無燕也當考耳左氏云武王親釋微子縛使復其所此云投于宋者非也案書及周本紀武王封紂子武庚於商墟使其弟管蔡相之至周公居攝時作亂被滅成王命微子啓爲宋公代商後則封微子於宋者成王非武王也將帥爲諸侯卽牧誓千夫長也建櫜藏兵甲也春秋傳垂櫜示無弓則建櫜非垂矣

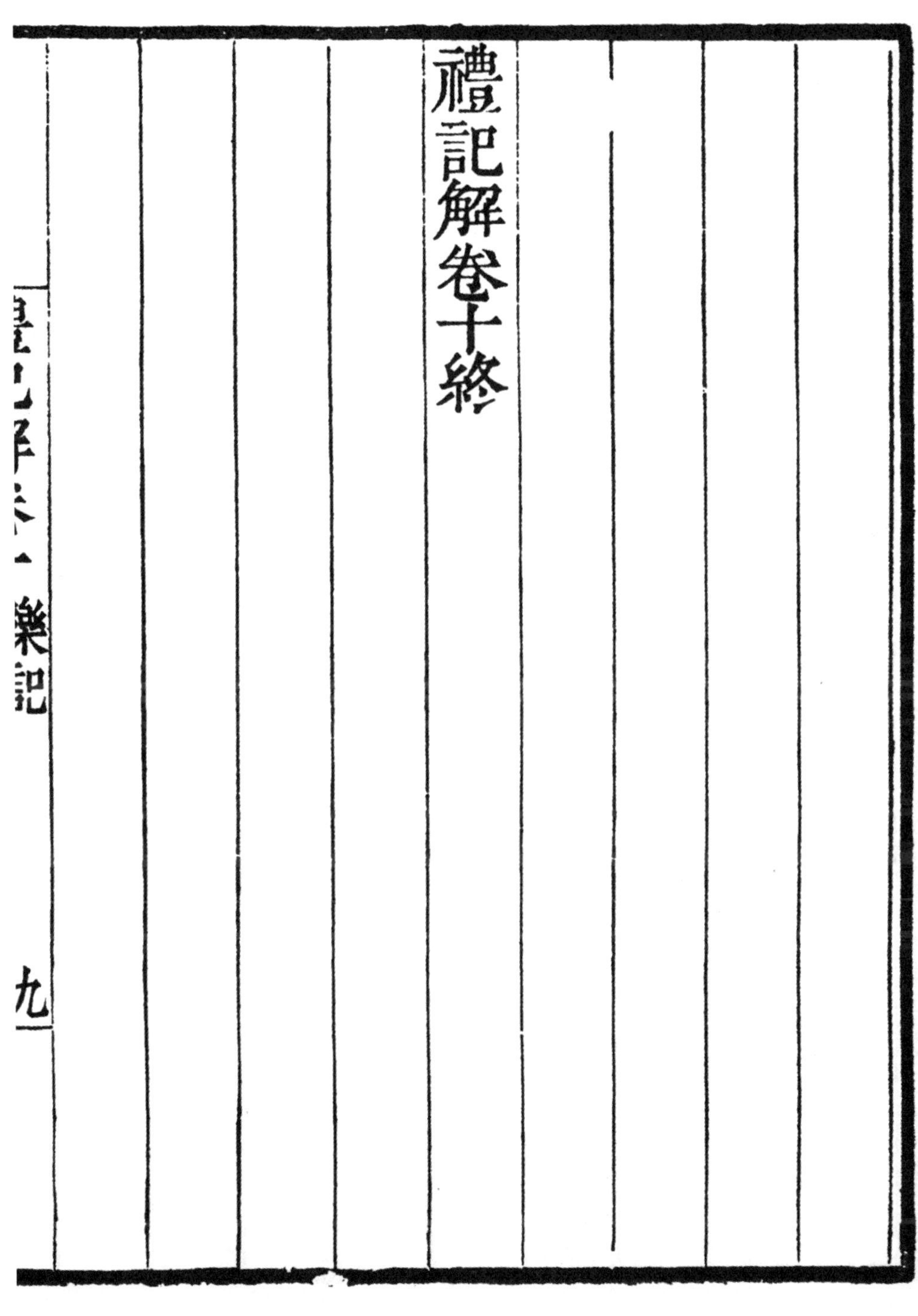

禮記解卷十　樂記　九

禮記解卷十終

詩解卷一

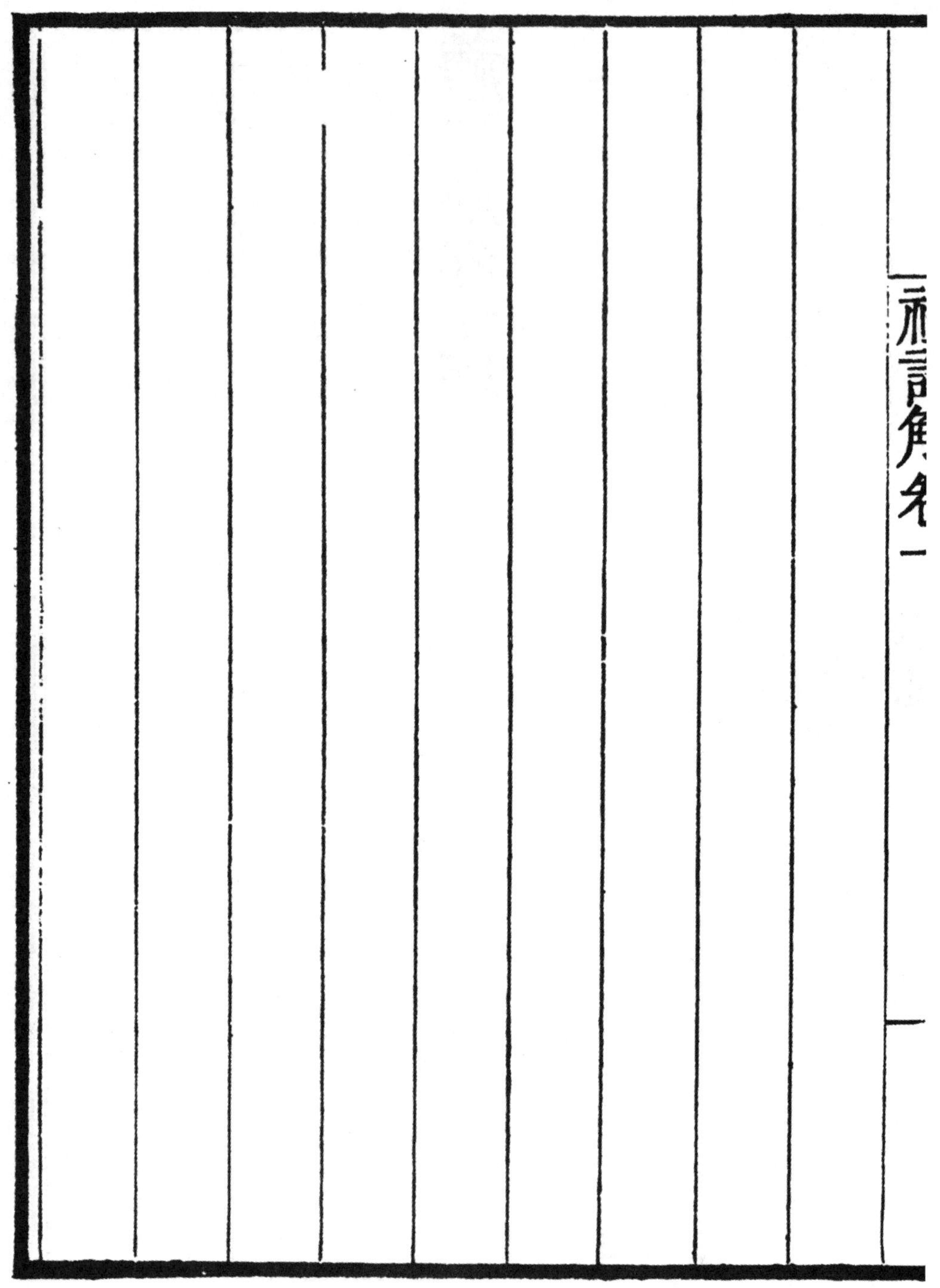

禮記解卷十一

仁和後學朱文藻輯錄

宋廬陵胡銓澹菴著

廷棟　一堅　廷幹　鎮南　光燕
鼎顯　盛海　盛槐　盛椟　光簪
嗣裔　昶　宮梅　盛謙　盛梅　光烈編次
鼎霈　應鈞　盛本　盛祿　光烯
汝霖　學山　毓秀　光薰　光誼

雜記

諸侯行而死於館則其復如於其國如於道則升其

乘車之左轂以其綏復其輤有裧緇布裳帷素錦以爲屋而行至于廟門不毁牆遂入適所殯唯輤爲說於廟門外

禮言綏凡數處鄭皆讀爲緌竊爲王制明堂位夏采所云讀作緌可也此復魄旣在車當以執綏之綏杜子春說是鄭意葢謂夏采建綏以復不知彼王禮也裳用緇則輤與裧皆赤也以玄纁對耳鄭謂輤如蒨旆之蒨取蒨赤也竊案大夫以白布爲輤豈亦因染赤得名乎柩車飾經惟此一文則知

未大斂前車飾亦然

大夫士死於道則升其乘車之左轂以其綏復如於館死則其復如於家大夫以布爲輤而行至於家而說輤載以輲車入自門至於阼階下而說車舉自阼階升適所殯

綏亦如字大夫無爲屋之文則是素錦帳同諸侯矣

大夫訃於同國適者曰某不祿訃於士亦曰某不祿訃於他國之君曰君之外臣寡大夫某死訃於適者

曰吾子之外私寡大夫某不祿使某實訃於士亦曰吾子之外私寡大夫某不祿使某實

春秋傳曰以賜君之外臣首實謂身親告也

大夫士將與祭於公既視濯而父母死則猶是與祭也次於異宮既祭釋服出公門外哭而歸其他如奔喪之禮如未視濯則使人告告者反而後哭如諸父昆弟姑姊妹之喪則既宿則與祭卒事出公門釋服而後歸其他如奔喪之禮如同宮則次於異宮

猶是言自若也

免喪之外行於道路見似目瞿聞名心瞿弔死而問疾顏色戚容必有以異於人也如此而后可以服三年之喪其餘則直道而行之是也

路隋父死母告以貌類父終身不引鏡近於目瞿劉溫叟父名岳終身不聽絲竹近於心瞿弔問哀痛之處戚容應甚

曾申問於曾子曰哭父母有常聲乎曰中路嬰兒失其母焉何常聲之有

孔子不取弁人孺子泣而此取嬰兒哭者此泛問

哭時故舉重始死時也彼在襲斂當哭踊有節故異

以喪冠者雖三年之喪可也既冠於次入哭踊三者三乃出

夏小正冠用二月若正月遭喪則二月不得因喪而冠必待冠除受服之節

孔子曰伯母叔母疏衰踊不絕地姑姊妹之大功踊絕於地如知此者由文矣哉由文矣哉

踊絕地不絕地義有輕重豈由禮文而已哉

天子飯九貝諸侯七大夫五士二

春秋時子叔聲伯陳子行臣飯含僭君疑衰周時禮鄭謂此等夏殷禮無所依據又檀弓飯用米貝鄭不疑於夏殷獨疑此何也

君子有三患未之聞患弗得聞也既聞之患弗得學也既學之患弗能行也君子有五恥居其位無其言君子恥之有其言無其行君子恥之既得之而有失之君子恥之地有餘而民不足君子恥之衆寡均而倍焉君子恥之

楚許伯樂伯攝叔致師能行其所聞而復者也能猶力也衆寡均而倍焉若鄰國之民不加少寡人之民不加多也

喪大記

小斂之衣祭服不倒君無襚大夫士畢主人之祭服親戚之衣受之不以即陳小斂君大夫士皆用複衣複衾大斂君大夫士祭服無算君褶衣褶衾大夫士猶小斂也

謂君不以衣襚大夫士也此謂小斂若大斂則君有襚士喪禮具之

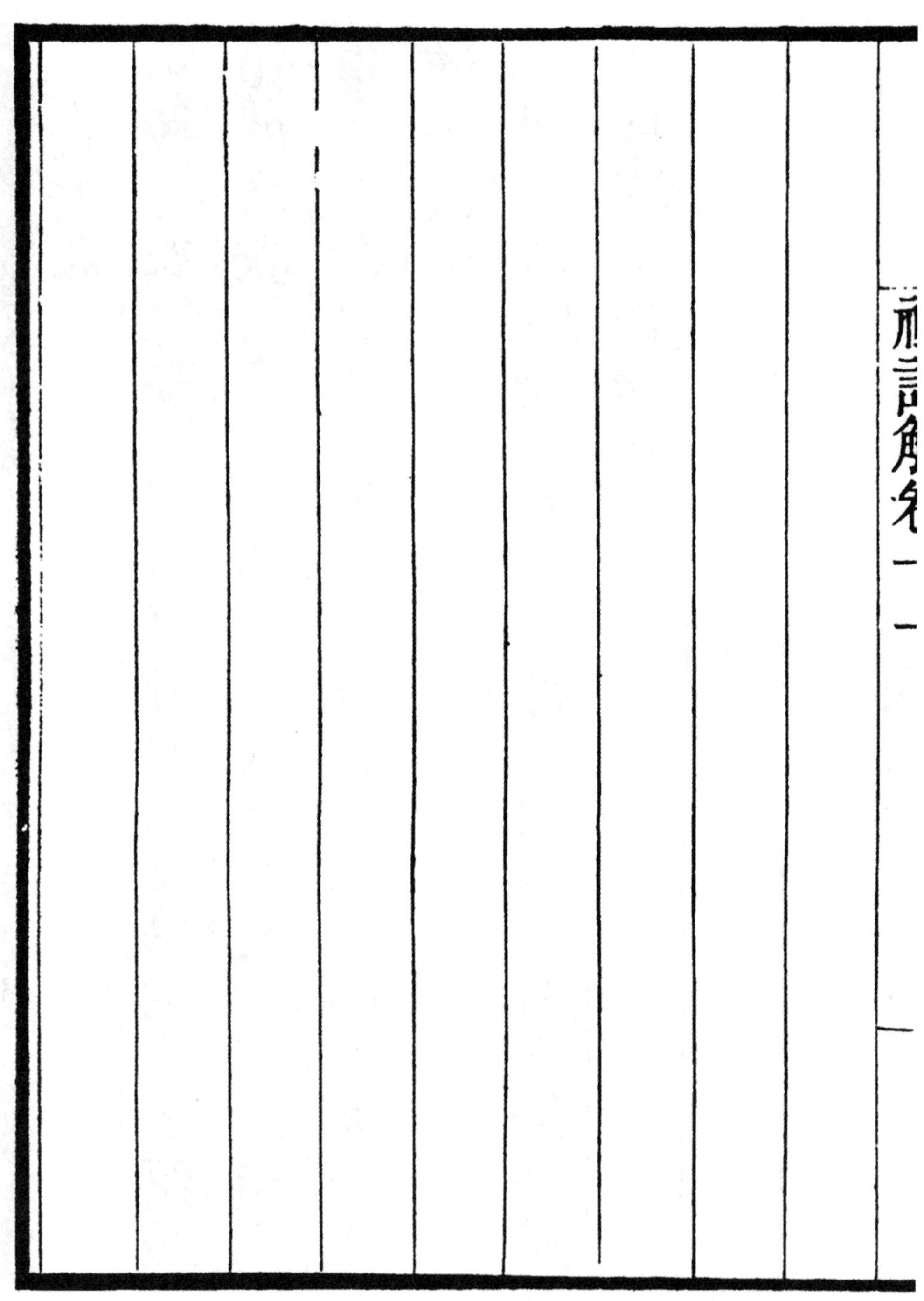

祭法

王爲羣姓立社曰大社王自爲立社曰王社諸侯爲百姓立社曰國社諸侯自爲立社曰侯社大夫以下成羣立社曰置社

古者祭地於社猶祀天於郊也故秦誓曰郊祀不修而周公祀于新邑亦先用二牛於郊後用大牢於社也記曰天子將出類乎上帝宜乎社又曰郊所以明天道社所以神地道周禮以禋祀祀昊天上帝以血祭祭社稷而别無地示之位四圭有邸

舞雲門以祀天神兩圭有邸舞咸池以祀地而別無祭祀社之說則以郊對社可知矣後世旣立社又立北郊失之矣

祭義

是故先王之孝也色不忘乎目聲不絶乎耳心志嗜欲不忘乎心致愛則存致慤則著著存不忘乎心夫安得不敬乎

存著皆本于誠孟子曰其爲人也多欲雖有存焉者寡矣中庸云誠則形形則著

曾子曰樹木以時伐焉禽獸以時殺焉夫子曰斷一樹殺一獸不以其時非孝也孝有三小孝用力中孝用勞大孝不匱思慈愛忘勞可謂用力矣尊仁安義

可謂用勞矣博施備物可謂不匱矣父母愛之喜而弗忘父母惡之懼而無怨父母有過諫而不逆父母既沒必求仁者之粟以祀之此之謂禮終

用力所謂竭力耕田共爲子職也懼而無怨孟子言舜怨慕何也曰小弁親之過大者也凱風親之過小者也親之過大而不怨是愈疏也親之過小而怨是不可磯也舜之怨慕孝也不逆所謂又敬不違父母既沒雖貧困猶不取惡人物以祀親然則孟子之受餽可以祀歟曰其交也以道君子受

之矣受之而以祀可也然孝子之心有所不安故

必仁者之粟爲孝

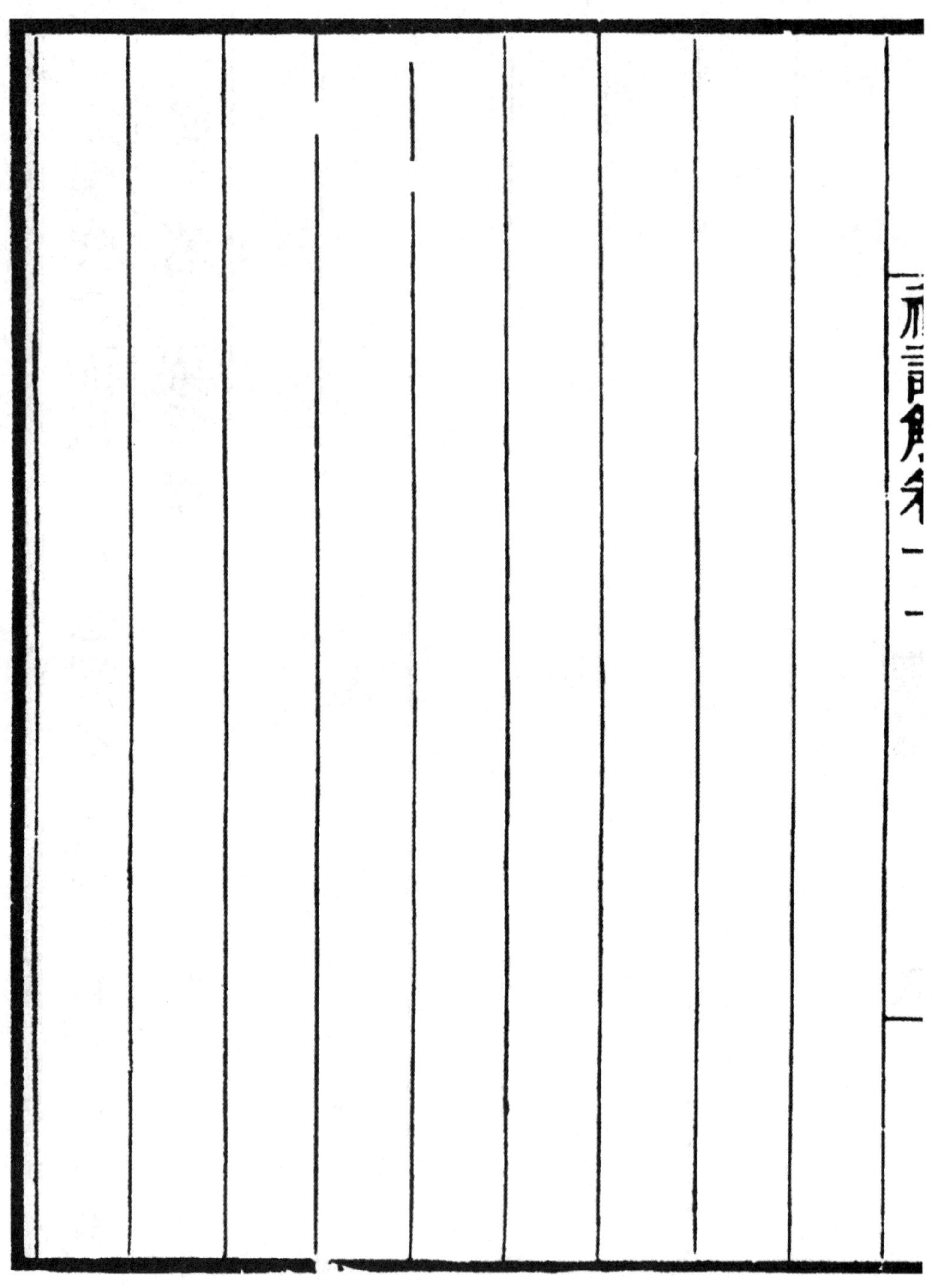

祭統

是故天子親耕於南郊以共齊盛王后蠶於北郊以共純服諸侯耕於東郊亦以共齊盛夫人蠶於北郊以共冕服天子諸侯非莫耕也王后夫人非莫蠶也身致其誠信誠信之謂盡盡之謂敬敬盡然後可以事神明此祭之道也

非莫耕非莫蠶言非祭不耕蠶也

夫鼎有銘銘者自名也自名以稱揚其先祖之美而明著之後世者也爲先祖者莫不有美焉莫不有惡

焉銘之義稱美而不稱惡此孝子孝孫之心也唯賢者能之銘者論譔其先祖之有德善功烈勳勞慶賞聲名列於天下而酌之祭器自成其名焉以祀其先祖者也顯揚先祖所以崇孝也身比焉順也明示後世教也

自名謂已能立身揚名以顯其先也能自揚名則國人稱願曰幸哉有子如此故可名也若身陷不義而無令名雖銘人誰信之酌猶酌古之酌祭器鍾鼎言刻先祖功善於鍾鼎而孝順之名成焉先

儒謂自著巳名於先祖之下非也若有必於自著巳名何以爲孝子比次也銘其祖而身名成焉是身比也

夫銘者壹稱而上下皆得焉耳矣是故君子之觀於銘也既美其所稱又美其所爲爲之者明足以見之仁足以與之知足以利之可謂賢矣賢而勿伐可謂恭矣

上揚祖下成巳善行也所稱所爲上下皆得也見見祖美也與猶許也巳仁故上許與之銘其祖也

利者義之和謂義當得此銘也賢而不伐目下事

經解

禮之於正國也猶衡之於輕重也繩墨之於曲直也規矩之於方圓也故衡誠縣不可欺以輕重繩墨誠陳不可欺以曲直規矩誠設不可欺以方圓君子審禮不可誣以姦詐是故隆禮由禮謂之有方之士不隆禮不由禮謂之無方之民敬讓之道也故以奉宗廟則敬以入朝廷則貴賤有位以處室家則父子親兄弟和以處鄉里則長幼有序孔子曰安上治民莫善於禮此之謂也

權衡輕重之至繩墨曲直之至規矩方圓之至禮爲中正之至故曰誠誠猶至也誠則不可欺矣方常也下云有位有序是有常也易恒卦君子立不易方

哀公問

公曰寡人固不固焉得聞此言也寡人欲問不得其辭請少進孔子曰天地不合萬物不生大昏萬世之嗣也君何謂已重焉孔子遂言曰內以治宗廟之禮足以配天地之神明出以治直言之禮足以立上下之敬物恥足以振之國恥足以興之爲政先禮禮其政之本與

易於咸恒明昏姻夫婦之義於咸曰天地感而萬物化生於恒曰天地之道是配天地之神明於咸

男下女上於恒男上女下是立上下之敬物人物也人恥卿大夫辱也國恥君辱也

公曰寡人惷愚冥頑子志之心也孔子蹵然辟席而對曰仁人不過乎物孝子不過乎物是故仁人之事親也如事天事天如事親是故孝子成身公曰寡人既聞此言也無如後罪何孔子對曰君之及此言也是臣之福也

夫子之志是吾之心也事親如事天所謂事親孝故事天明事天如事親能饗帝則能饗親也罪謂

有間而不能勤行前云君之及此言也百姓之德也君以納言納諫爲德此云君之及此言也是臣之福也臣以諫行言聽爲福

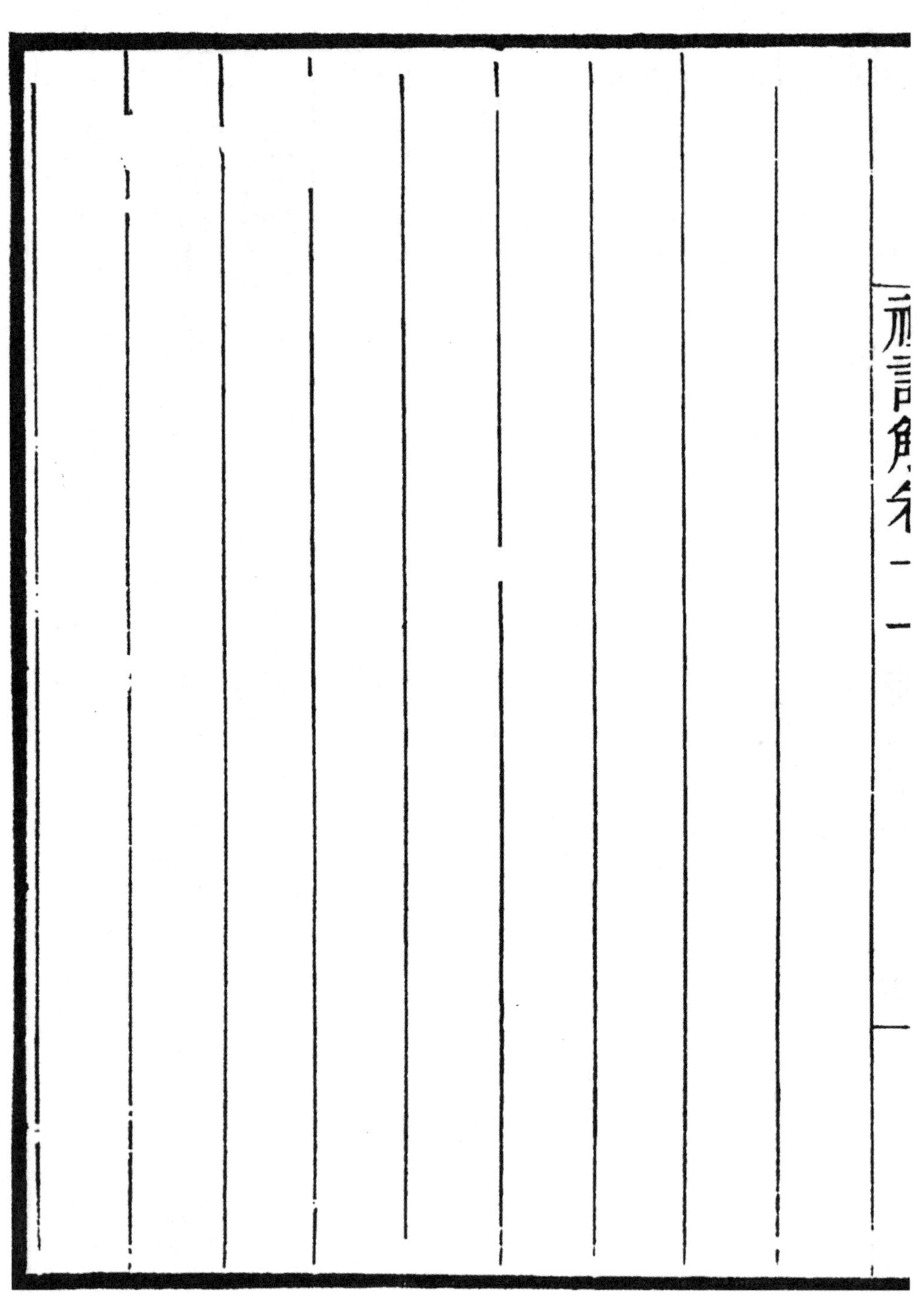

仲尼燕居

子貢越席而對曰敢問將何以爲此中者也子曰禮乎禮夫禮所以制中也子貢退言游進曰敢問禮也者領惡而全好者與子曰然

制猶裁也子曰小子狂簡不知所以裁之領猶理也樂記云禮領父子君臣之節

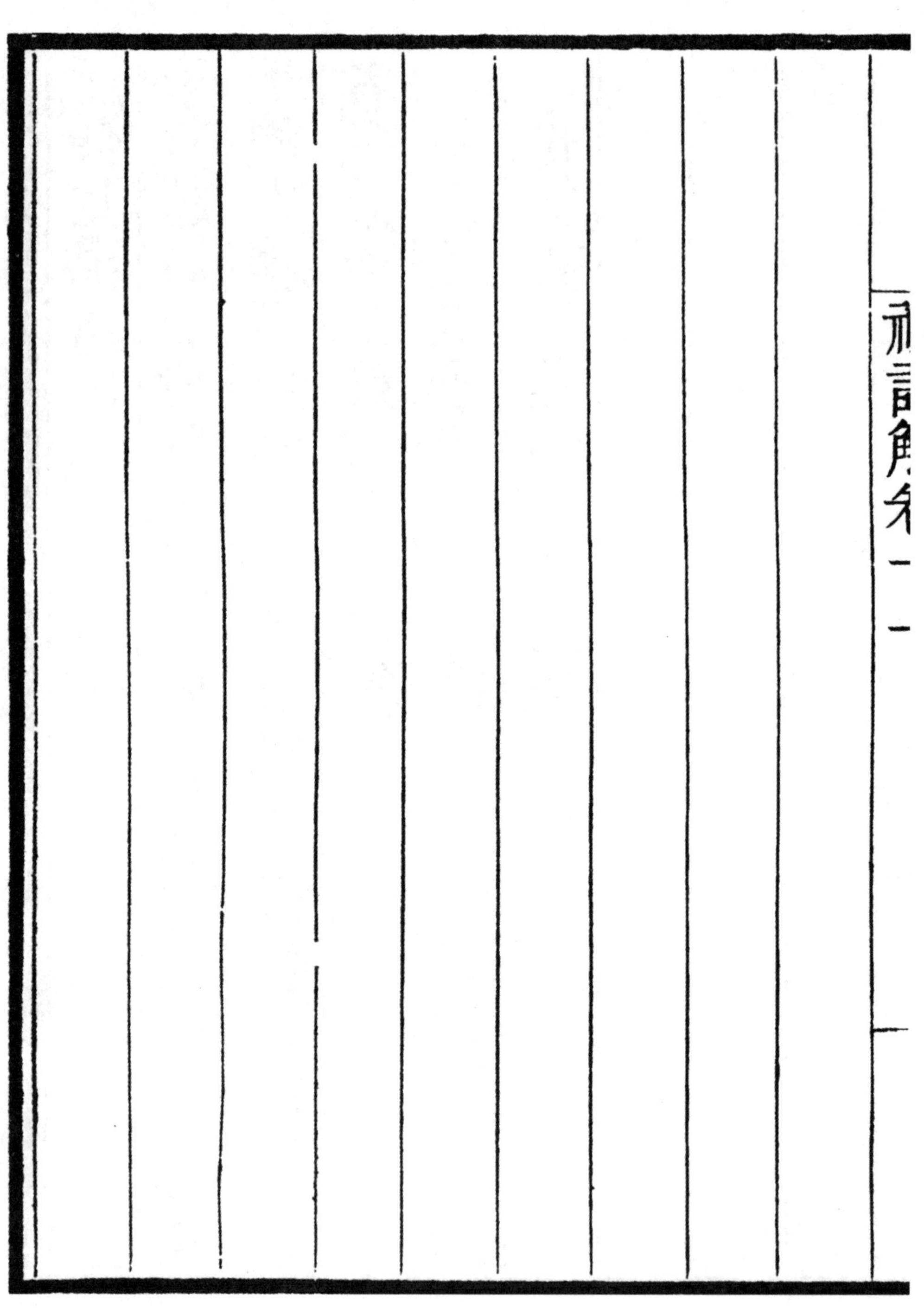

坊記

子云利祿先死者而後生者則民不偝先亡者而後存者則民可以託詩云先君之思以畜寡人以此坊民民猶偝死而號無告

不偷於死亡則於生存信此邶風燕燕篇衞莊姜送戴嬀令以婦道勉已也寡人莊姜自謂此以爲爲畜鄭又以爲衞定姜之詩令獻公畜孝寡人鄭之自相牴牾多此類

子云上酌民言則下天上施上不酌民言則犯也下

不天上施則亂也故君子信讓以涖百姓則民之報禮重詩云先民有言詢于芻蕘

民言醫國之藥石也取以爲國則合天下之公願民被其澤戴之如天矣是下天上施也

禮記解卷十一終

禮記解卷十二　　仁和後學朱文藻輯錄

宋廬陵胡銓澹菴著

汝霖　隆造　盛諫　光熊　光廷

廷棟　禮宗　盛誨　盛柯　光烯

嗣裔　昶　宮梅　盛沙　鎮南　光烈編次

鼎霈　學山　盛椿　光笏

一堅　盛梧　盛檍　鏡川　光筍

表記

小雅曰高山仰止景行行止子曰詩之好仁如此鄉

道而行中道而廢忘身之老也不知年數之不足也俛焉日有孳孳斃而后巳子曰仁之難成久矣人人失其所好故仁者之過易辭也

以仁爲難成而好之不篤故曰失其所好謂失其本心也仁人之過易辭者辭猶違也謂有不善則知避之

子曰夏道尊命事鬼敬神而遠之近人而忠焉先祿而後威先賞而後罰親而不尊其民之敝惷而愚喬而野朴而不文殷人尊神率民以事神先鬼而後禮

先罰而後賞尊而不親其民之倣蕩而不靜勝而無恥周人尊禮尙施事鬼敬神而遠之近人而忠焉其賞罰用爵列親而不尊其民之倣利而巧文而不慚賊而蔽

宗廟朝廷無非禮也先儒指禮爲朝廷則周人尊禮亦指朝廷乎夏尊命殷尊神周尊禮三王所尊不同者時也非異道也緯說乃云夏立教以忠其失野救野莫若敬殷以敬其失鬼救鬼莫若文周以文其失蕩救蕩莫若忠如循環然周則復始此

大謬也案夏周皆近人而忠則顯三代皆尚忠也夏周皆事鬼敬神殷亦立教以敬三代皆尚敬也子曰虞夏之文不勝其質又曰殷周之文至矣三代皆以文也然則雖各有敝而其道未嘗不同也

緇衣

子言之曰爲上易事也爲下易知也則刑不煩矣

上難事則必淫刑以逞下難知則懷姦罔上之獄煩矣

子曰好賢如緇衣惡惡如巷伯則爵不瀆而民作愿刑不試而民咸服大雅曰儀刑文王萬國作孚

人莫不有好惡也而好惡得其正者寡矣緇衣好得其正巷伯惡得其正故舉大雅儀刑文王爲言文王好仁而仁興克明德愼罰其好惡之正如此

子曰有國家者章善癉惡以示民厚則民情不貳詩云靖共爾位好是正直子曰上人疑則百姓惑下難知則君長勞故君民者章好以示民俗愼惡以御民之淫則民不惑矣臣儀行不重辭不援其所不及不煩其所不知則君不勞矣詩云上帝板板下民卒癉小雅曰匪其止共惟王之邛

上懷疑則民惑於好惡下不易知則君勞於聽察故君當明好惡以示民臣不可强君以所難知難行之事鄭謂不援所不及不必使其君所行如堯

舜也孟子曰我非堯舜之道不敢以陳於王前又曰人皆可以爲堯舜謂堯舜爲不可及也謂不必使其君如堯舜亦不可也鄭氏誤矣

子曰下之事上也身不正言不信則義不壹行無類也子曰言有物而行有格也是以生則不可奪志死則不可奪名故君子多聞質而守之多志質而親之精知畧而行之君陳曰出入自爾師虞庶言同詩云淑人君子其儀一也

言有物猶仁人不過乎物之物格至道也祖巳曰

惟先格王正厥事志者終身所尙故生不奪志名欲立於後世故死不奪名言名志俱善

子曰唯君子能好其正小人毒其正故君子之朋友有鄉其惡有方是故邇者不惑而遠者不疑也詩云君子好仇

君子正直是與故好之小人惡直醜正故毒之故曰君子居必擇鄉遊必擇士所以防邪辟而近中正也

子曰輕絶貧賤而重絶富貴則好賢不堅而惡惡不

著也人雖曰不利吾不信也詩云朋友攸攝攝以威儀

富貴不能淫貧賤不能移乃不能輕絕貧賤不重絕富貴

儒行

哀公命席孔子侍曰儒有席上之珍以待聘夙夜强學以待問懷忠信以待舉力行以待取其自立有如此者

席猶卷懷邦無道則可卷而懷之鄭謂席鋪陳盧云席坐席恐非

儒有委之以貨財淹之以樂好見利不虧其義刼之以衆沮之以兵見死不更其守鷙蟲攫搏不程勇者引重鼎不程其力往者不悔來者不豫過言不再流

言不極不斷其威不習其謀其特立有如此者

鷙蟲攫搏雖猛引重鼎雖有力然不敢與儒者較量勇力堪之與否當之則往此乃暴虎之爲非儒者也不斷其威加威必審不輙斷也不習其謀好謀而成不臨事乃習也習猶試也

儒有忠信以爲甲冑禮義以爲干櫓戴仁而行抱義而處雖有暴政不更其所其自立有如此者

前言忠信以爲寶立義以爲土地言平居時此言忠信以爲甲冑禮義以爲干櫓言行乎患難時表

記云仁之爲道遠行者莫能至故仁在於力行立義以爲土地故義在於自處所猶守也書曰君子所其無逸春秋傳曰以成吾所前言自立與此言自立本皆忠信民無信不立

儒有今人與居古人與稽今世行之後世以爲楷適弗逢世上弗援下弗推讒諂之民有比黨而危之者身可危也而志不可奪也雖危起居竟信其志猶將不忘百姓之病也其憂思有如此者

稽猶考也古人與稽考古道也適之也適弗逢世

所之與世左也猶若也若將不忘百姓之病言其志若此也

禮記解卷十二終

禮記解卷十三　　仁和後學朱文藻輯錄

宋廬陵胡銓澹菴著

廷棟　一堅　廷榦　鎮南　光燕
鼎顯　盛海　盛槐　盛楨　光簪
嗣裔　昶　宮梅　盛謙　盛梅　光烈編次
鼎需　應鈞　盛本　盛祿　光烯
汝霖　學山　毓秀　光薰　光誼

大學

古之欲明明德於天下者先治其國欲治其國者先

齊其家欲齊其家者先脩其身欲脩其身者先正其心欲正其心者先誠其意欲誠其意者先致其知致知在格物物格而后知至知至而后意誠意誠而后心正心正而后身脩身脩而后家齊家齊而后國治國治而后天下平自天子以至於庶人壹是皆以脩身爲本其本亂而末治者否矣其所厚者薄而其所薄者厚未之有也此謂知本此謂知之至也

格有三義書曰格汝舜緇衣曰民有格心來也書曰惟先格王至也語曰有恥且格正也此云物格

亦謂正也致知明道也明道者必明於物理使一出於正是格物也其所厚者薄而其所薄者厚未之有也堯不敦睦九族而能協和萬邦無是理也

所謂誠其意者毋自欺也如惡惡臭如好好色此之謂自謙故君子必慎其獨也小人閒居爲不善無所不至見君子而後厭然揜其不善而著其善人之視己如見其肺肝然則何益矣此謂誠於中形於外故君子必慎其獨也曾子曰十目所視十手所指其嚴乎富潤屋德潤身心廣體胖故君子必誠其意

誠無妄也自欺則妄矣人之惡臭好色根於心非僞爲也是誠也凡耳目鼻口之所欲其心之所樂豈有異哉謂其好惡與人異者妄也蹈水火者之求免於人也彼介於其側者不唯其父兄子弟之慈愛然後往而全之也雖有所憎怨苟不至乎欲其死者則將極奔盡氣濡手足焦毛髮救之而不辭也若是者何哉其勢誠急而其情誠可悲也吾之救之也非有求而然也中心惻怛而其情誠不忍也若彼有可救之道而吾終莫之救也尚可以

爲仁人乎哉由此觀之誠其意如好色惡臭非由外鑠我也自謙自敬也誠生乎謙敬易一謙而四益蕃謙敬之大也如此小人見君子揜其不善而著其善蓋其良心猶存知不善之爲可羞也是謂人可欺也心可欺乎人視己見肺肝則心已露矣其嚴乎嚴猶畏憚也言衆所指視不足畏憚唯獨居爲不善甚可畏也

詩云瞻彼淇澳菉竹猗猗有斐君子如切如磋如琢如磨瑟兮僩兮赫兮喧兮有斐君子終不可諠兮如

切如磋者道學也如琢如磨者自脩也瑟兮僩兮者恂慄也赫兮喧兮者威儀也有斐君子終不可諠兮者道盛德至善民之不能忘也詩云於戲前王不忘君子賢其賢而親其親小人樂其樂而利其利此以沒世不忘也

民不忘美衞武之誠沒世不忘美文武之誠夫誠至於民懷不忘其誠至矣

康誥曰克明德太甲曰顧諟天之明命帝典曰克明峻德皆自明也湯之盤銘曰苟日新日日新又日新

康誥曰作新民詩曰周雖舊邦其命維新是故君子無所不用其極

日新自明也新民明民也自明明民物我一致兩造其極是謂無所不用其極極中也民不協於極者由不明也上之人能易昏爲明變化氣質使之自新以趨於中道是爲用其極也

詩云邦畿千里惟民所止詩云緡蠻黃鳥止於丘隅子曰於止知其所止可以人而不如鳥乎詩云穆穆文王於緝熙敬止爲人君止於仁爲人臣止於敬爲

人子止於孝爲人父止於慈與國人交止於信

止得其所則善君臣父子國人止於仁敬孝慈信是爲止其所雖善不明乎善雖欲擇善而止之未必得其所也故先於明明德

所謂修身在正其心者身有所忿懥則不得其正有所恐懼則不得其正有所好樂則不得其正有所憂患則不得其正心不在焉視而不見聽而不聞食而不知其味此謂脩身在正其心

古之君子無所不用其正坐毋箕坐必正也立毋

跛立必正也游毋倨行必正也視毋淫視必正也聽毋傾聽必正也言不惰言必正也動不遽動必正也至於祭則正巳居則正位坐則正席射則正鵠投壺則正爵無所不用其正此無他凡以正其心也心正則先立乎大者而小者不能奪忿懥恐懼好樂憂患皆其小者爾心一爲小者所奪則坐立視聽言動飲食顛倒失措而天地四方易位矣故養心不可不正然古之聖人以蒙養正葢未發之謂蒙謂喜怒哀樂未發時也能於此時養之以

正則發而皆中節矣若發而後禁則扞格而難勝

故正心必曰先謂正於未發之前

所謂齊其家在脩其身者人之其所親愛而辟焉之其所賤惡而辟焉之其所畏敬而辟焉之其所哀矜而辟焉之其所敖惰而辟焉故好而知其惡惡而知其美者天下鮮矣故諺有之曰人莫知其子之惡莫知其苗之碩此謂身不脩不可以齊其家

譬猶省察也人適其所親愛所賤惡而省察焉則知親愛者善而賤惡者之不善也適所畏敬所哀

矜所敖惰而省察焉則知有畏敬者善而所哀矜敖惰者之不善也見善如不及見不善如探湯而吾身之善不善與他人之善不善昭然可睹矣易曰觀我生觀民也觀民以察已之道此亦觀人以省已也雖然於所親愛畏敬雖好也而不知其惡於所賤惡哀矜敖惰雖惡也而不知其善者情汨之也是以狃於私愛莫知其子之惡莫知其苗之碩也

所謂治國必先齊其家者其家不可敎而能敎人者

無之故君子不出家而成教於國孝者所以事君也弟者所以事長也慈者所以使衆也康誥曰如保赤子心誠求之雖不中不遠矣未有學養子而后嫁者也一家仁一國興仁一家讓一國興讓一人貪戾一國作亂其機如此此謂一言僨事一人定國堯舜率天下以仁而民從之桀紂率天下以暴而民從之其所令反其所好而民不從是故君子有諸已而后求諸人無諸已而后非諸人所藏乎身不恕而能喻諸人者未之有也故治國在齊其家詩云桃之夭夭其

葉蓁蓁之子于歸宜其家人宜其家人而后可以教國人詩云宜兄宜弟宜兄宜弟而后可以教國人詩云其儀不忒正是四國其爲父子兄弟足法而后民法之也此謂治國在齊其家

家人之彖先內後外以內爲本內正而後家可齊也齊有威儀之義凡物以猛爲本者則患在寡恩以愛爲本者則患在寡威家人主愛故尚威嚴其象曰有嚴君焉其爻曰嗃嗃悔厲吉又曰威如終吉如此而後威克厥愛而家可齊矣如保赤子心

誠求之謂當以誠存心也故家人又貴乎有孚未有威信不行乎家而國人化之者也養子者推心爲之而得赤子之嗜欲蓋赤子之心唯誠而已心誠求之則不失赤子之心矣機謂發於近中於遠君者國之機其善惡亦發於身而加乎民也堯舜躬行仁而比屋可封從其仁也桀紂躬行暴而比屋可誅從其暴也率謂躬行也若己不行仁而禁民爲暴是謂所令反所好有諸己己有善也無諸己己無惡也觀人善惡當於其私父子兄弟私也

故父子兄弟足法而后民法之也家人初九閑有家志未變也凡教在初而法在始家瀆而後嚴之志變而後閑之則無及矣故齊家必曰先謂閑於未變

禮記解卷十三終

禮記解卷十四　　仁和後學朱文藻輯錄

宋廬陵胡銓澹菴著

汝霖　隆造　盛諫　光熊　光延

廷棟　禮宗　盛誨　盛柯　光烯

嗣裔　昶　宮梅　盛沙　鎮南　光烈編次

鼎霈　學山　盛椿　光芴

一堅　盛梧　盛檍　鏡川　光筍

冠義

成人之者將責成人禮焉也責成人禮焉者將責爲

人子爲人弟爲人臣爲人少者之禮行焉將責四者之行於人其禮可不重與故孝弟忠順之行立而后可以爲人可以爲人而后可以治人也故聖王重禮故曰冠者禮之始也嘉事之重者也是故古者重冠重冠故行之於廟者所以尊重事尊重事而不敢擅重事所以自卑而尊先祖也

前責以三行者責成人之漸此責以四行者責成人之備孔子曰不得乎親不可以爲人故必四行立而後可以爲人也言可以者亦猶所謂事親若

曾子者可也葢臣子之身所能爲者皆所當爲也故但曰可而已不以曾子之孝爲有餘也嘉事謂嘉會足以合禮傳曰嘉事不體何以能久

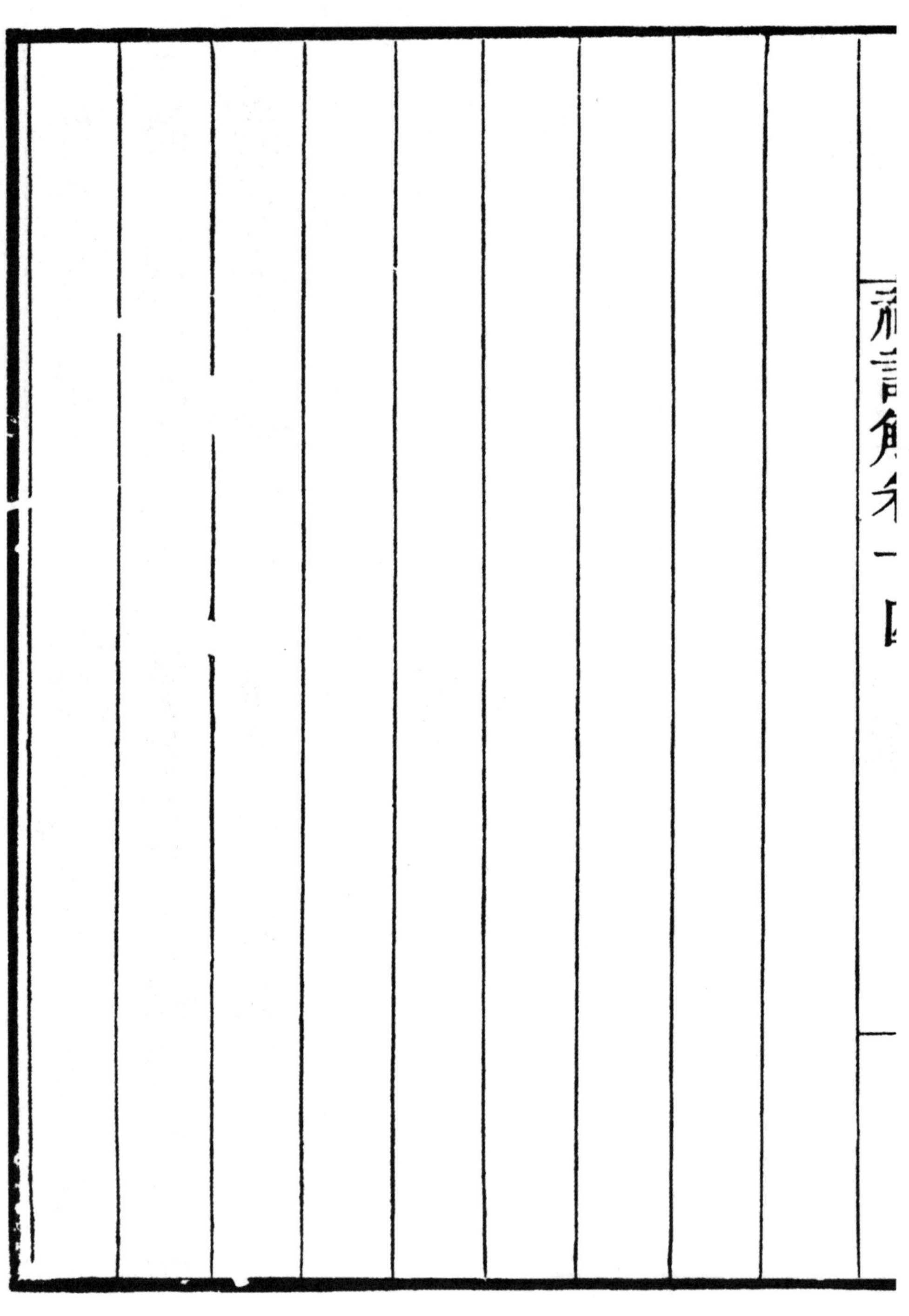

昏義

夫禮始於冠本於昏重於喪祭尊於朝聘和於鄉射

此禮之大體也

禮之大體猶木始則萌也本則根也重則榦也尊則高也和則榮也五者備而大體具

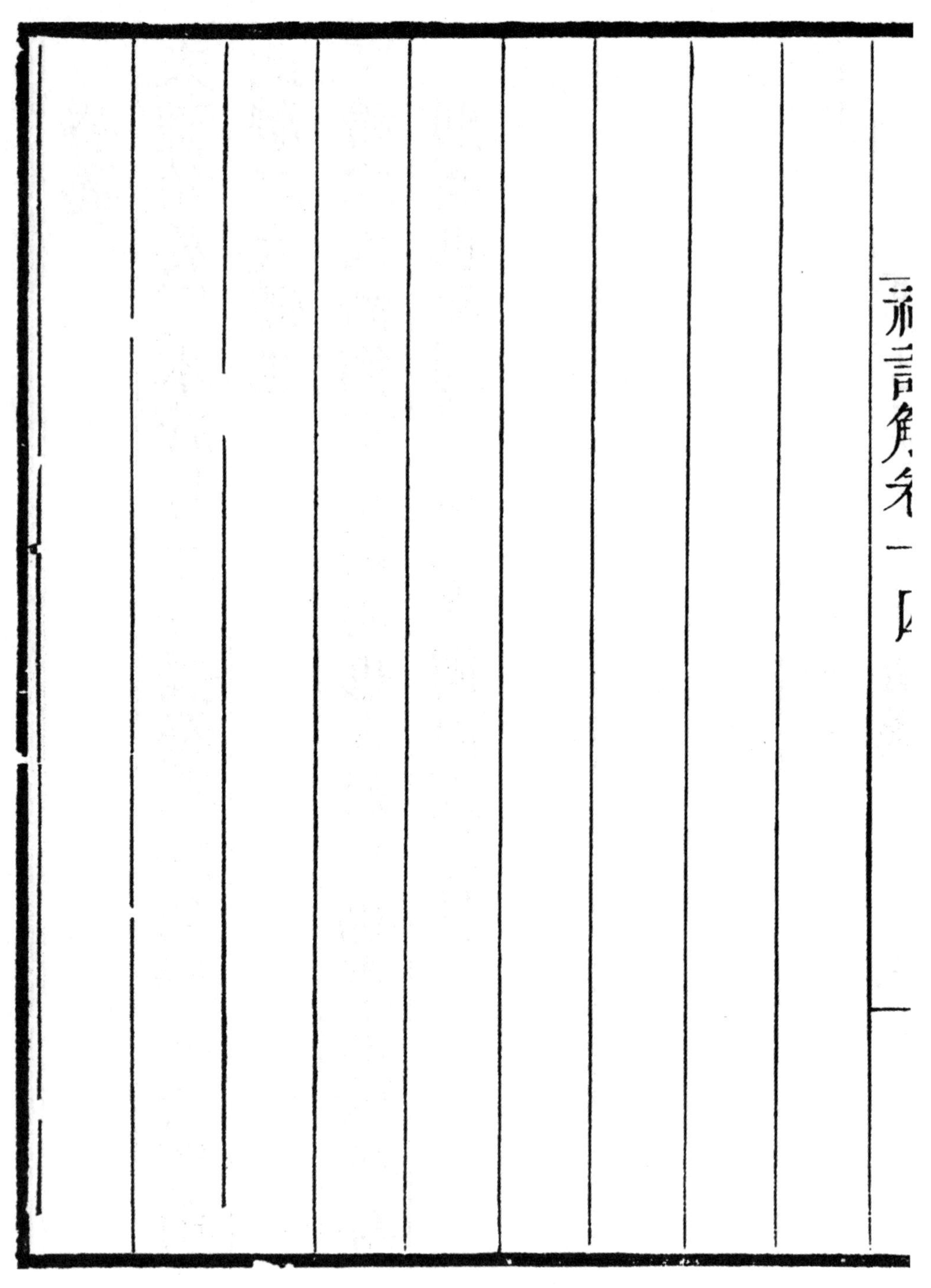

詩解卷一四

鄉飲

賓主象天地也介僎象陰陽也三賓象三光也讓之三也象月之三日而成魄也四面之坐象四時也天地嚴凝之氣始於西南而盛於西北此天地之尊嚴氣也此天地之義氣也天地溫厚之氣始於東北而盛於東南此天地之盛德氣也此天地之仁氣也主人者尊賓故坐賓於西北而坐介於西南以輔賓賓者接人以義者也故坐於西北主人者接人以仁以德厚者也故坐於東南而坐僎於東北以輔主人也

仁義接賓主有事俎豆有數曰聖聖立而將之以敬曰禮禮以體長幼曰德德也者得於身也故曰古之學術道者將以得身也是故聖人務焉

四面之坐必取四時之始者春秋謹始之義制敵度宜曰義賓與主敵不失其宜是接以義周官行人掌客司儀掌訝凡四職皆賓客之事而列於秋取天地之義氣也君子以友輔仁僎者主人之友睿曰聖克念曰聖生知曰聖大而化之曰聖事無不通曰聖仁且知曰聖仁義又近聖焉聖之取名

多矣此言仁義接而繼之曰聖則聖者指仁義言也大司徒之職以仁義聖爲六德故此謂之德也德也者得於身謂仁義禮躬行自得而非僞爲也

古之學術道者謂賓賢之人學道藝也

鄉飲酒之禮六十者坐五十者立侍以聽政役所以明尊長也六十者三豆七十者四豆八十者五豆九十者六豆所以明養老也民知尊長養老而后乃能入孝弟民入孝弟出尊長養老而后成教成教而后國可安也君子之所謂孝者非家至而日見之也合

諸鄉射教之鄉飲酒之禮而孝弟之行立矣

合諸鄉射教之鄉飲酒謂聚其民於鄉射以教之鄭謂此章說鄉飲酒是黨正正齒位非鄉大夫飲酒也其義葢以儀禮鄉飲酒無正齒位之禮而此云六十者坐五十者立是黨正齒位也案鄉黨篇云鄉人飲酒杖者出斯出矣杖者亦謂五十六十者而此經下亦云少長以齒則鄉飲豈無正齒位之禮乎竊[illegible]謂此說鄉飲酒是鄉大夫非黨正也然則鄉射亦[illegible]不得謂之用長射矣若實州黨則謂之

州射黨正飲酒可也何得謂之鄉乎

孔子曰吾觀於鄉而知王道之易易也主人親速賓及介而衆賓自從之至於門外主人拜賓及介而衆賓自入貴賤之義別矣三揖至于階三讓以賓升拜至獻酬辭讓之節繁及介省矣至于衆賓升受坐祭立飲不酢而降隆殺之義辨矣

觀鄉飲酒有尊賢尙齒之法知王者教化之道乎

易近民也易猶檀弓云易則易

賓酬主人主人酬介介酬衆賓少長以齒終於沃洗

者焉知其能弟長而無遺矣降説屨升坐脩爵無數飲酒之節朝不廢朝莫不廢夕賓出主人拜送節文終遂焉知其能安燕而不亂也貴賤明隆殺辨和樂而不流弟長而無遺安燕而不亂此五行者足以正身安國矣彼安國而天下安故曰吾觀於鄉而知王道之易易也

前言正席次言以正正禮此言正身蓋席正然後禮正禮正然後身正身正則國正國正而天下正矣故繼之以國安而天下安也

鄉飲酒之義立賓以象天立主以象地設介僎以象日月立三賓以象三光古之制禮也經之以天地紀之以日月參之以三光政教之本也亨狗於東方祖陽氣之發於東方也洗之在阼其水在洗東祖天地之左海也尊有玄酒教民不忘本也

天所以示民時早晚時之政教繫焉故日月五星謂之七政周公誥康叔曰有政有事無彝酒又曰其爾典聽朕教夫聖人豈以飲酒爲常哉亦有政教存焉故鄉飲必先政教之本

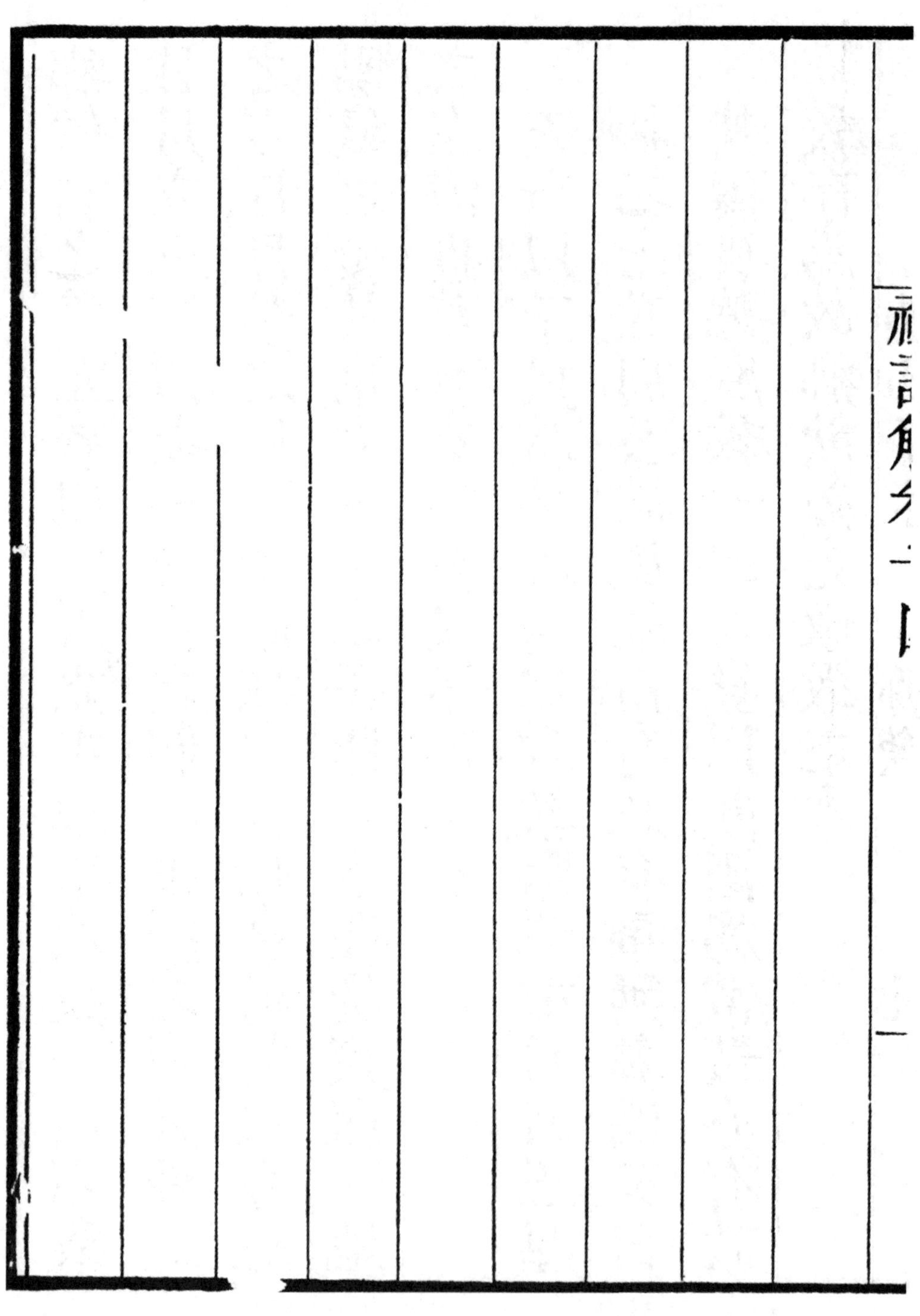

射義

是故古者天子以射選諸侯卿大夫士射者男子之事也因而飾之以禮樂也故事之盡禮樂而可數為以立德行者莫若射故聖王務焉是故古者天子之制諸侯歲獻貢士於天子天子試之於射宮其容體比於禮其節比於樂而中多者得與於祭其容體不比於禮其節不比於樂而中少者不得與於祭數與於祭而君有慶數不與於祭而君有讓數有慶而益地數有讓則削地故曰射者射為諸侯也是以諸侯

君臣盡志於射以習禮樂夫君臣習禮樂而以流亡者未之有也

歲獻獻計偕之物也於是貢士鄭謂歲獻每歲獻也貢士三歲一貢此蓋書傳之說竊案經意止謂歲獻卽貢士爾與書傳異也鄭義非

聘義

以圭璋聘重禮也已聘而還圭璋此輕財而重禮之義也諸侯相厲以輕財重禮則民作讓矣

若諸侯朝天子則雖圭璋亦受之而不歸小行人饗天子用圭饗后用璋是也

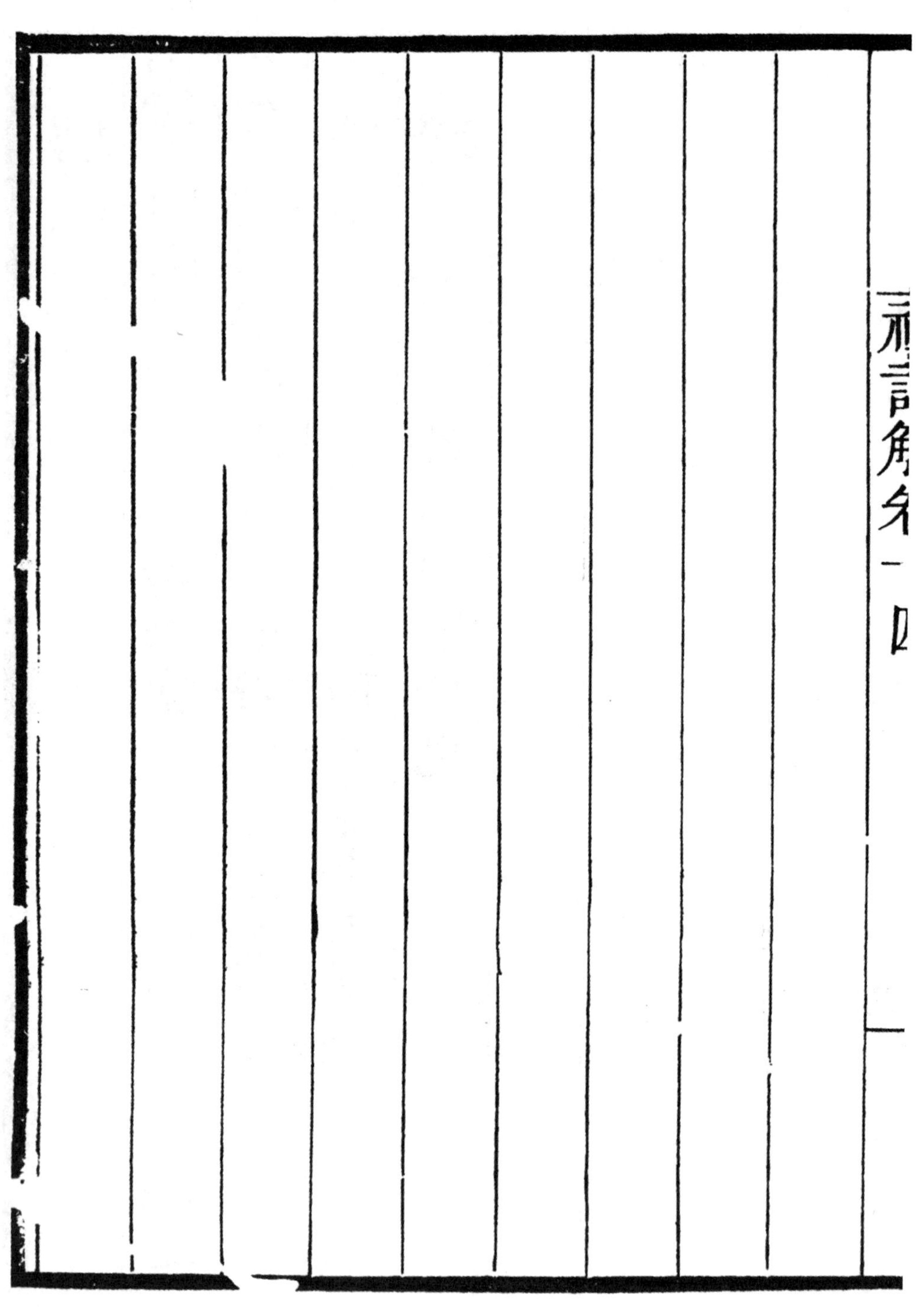

喪服四制

凡禮之大體體天地法四時則陰陽順人情故謂之禮訾之者是不知禮之所由生也夫禮吉凶異道不得相干取之陰陽也喪有四制變而從宜取之四時也有恩有理有節有權取之人情也恩者仁也理者義也節者禮也權者知也仁義禮知人道具矣

一體不備不足謂之成人體者何也禮也所謂大體者何也體天地法四時則陰陽順人情禮之大體也非禮之大體不足以爲大非聖人不足以知

禮之大故曰背之者是不知禮言陰陽四時人情而不言體天地者天地囊括此三者也言仁義禮知而不及信者仁義禮知非信不立既言人道具則信在其中可知矣

禮記解卷十四終

胡澹菴先生禮記解世儒言禮者多引其說共源蓋出於宋衛氏湜之集說衛氏名氏目錄首稱先生禮記解傳有十八卷且云集說中惟嚴陵方氏廬陵胡氏始末全備則卷中所引者宜為全書矣

本朝陸氏奎勳嘗曰胡氏澹菴之與家農師其說禮皆為傑出惜澹菴之禮記傳十八卷今不得見其全書亦似不見衛氏集說而云然也今以衛氏集說所引用與

欽定三禮義疏相校則衛氏之書較多於義疏蓋義疏有節取而益見衛氏之書宜全矣宋史藝文志與衛氏目同惟本傳則作禮記解不詳卷數周必大所撰神道碑則作禮記解三十卷與史志衛目不合今世遠時湮遺書散佚乾隆丙子歲先生後裔裒集搜羅刊成文集三十二卷已較神道碑所稱總百卷者缺十之七焉而說經之書[illegible]不之見頃從通志堂經解中所刻衛氏集說[illegible]先生之說輯而錄之得如干葉釐爲上

四卷以其卷帙勻稱不能合其原數卷既不符則題亦不復因襲依史傳墓碑所稱題爲禮記解云檢校各篇依經件繫而所缺者尚有郊特牲內則玉藻明堂位大傳孔子閒居中庸奔喪問喪服問閒傳三年問深衣投壺燕義等凡十五篇皆無說可繫則衞氏所引似猶未全也俟更有所得當增補之

乾隆五十二年丁未孟冬朔日後學朱文藻識

跋

九世祖宋資政殿學士忠簡公著有文集百卷易春秋周官禮記解及經筵二禮講義學禮編奏議詩話活國本草酒書孝宗詔藏祕書閣仲子十世叔祖澥與太守蔡侯必勝鋟板行世經解者公嘗高宗朝抗疏力阻和議請斬權姦貶監廣州都鹽倉不已復褫官竄新州後移崖州三遷嶺海二十餘年所著也宋元之末屢燬於兵遂罕有傳本乾隆丙子族兄靜園給諫得鈔本文集三十二卷族中伯叔昆弟集費重

刊而我公之著作始不至於盡湮矣惟是重刊之集不過存什一於千百若經解則全失焉經筵講義諸書抑又失焉洎余典獄潮州自潮州至于廣州千里而近自潮州至於新州千里而近自潮州至於崖州千里而遙然皆隸在粵東意三州之人士旣慕公之忠重公之文必有世守其書者廣之州則因公屢至焉屢訪之焉而竟無所得新與崖也則託諸僚友訪其紳士而亦無所得蓋公播遷嶺海時未及刊板故耳近年同懷弟築夫就養浙之餘杭尉長姪光烯廨

舍訂交杭城鮑以文朱朗齋二先生得公春秋周禮禮記解計多者十餘卷少亦不下數卷並詩文詩餘共若干首[illegible]於杭城開雕司校閱者即朗齋也經始於丁未仲秋[illegible]越月而蕆事嗚呼我公忠貫金石光爭日月豈藉著作傳哉但念我公在高宗時以忤權貴投遐荒孝宗雖見用而不能行其言生平之精神寄於文而已海表二十年之精神寄於經解而已文不傳則生平之精神就湮經解不傳則二十年之精神就湮非子孫之責而誰責歟今而後我公之著作可

以永傳而余訪求於粤東而不獲者余弟於杭城得
之而即刊之築夫之心慰余心亦藉以慰然則是書
也雖不及澥公初刻之全以視重刊之文集不較備
也哉
乾隆丁未嘉平月二十二世孫昶謹跋

九世祖忠簡公經解後跋

先公忠義彪炳史册爭光日月而其文章根柢六經浸淫兩漢兼董賈之醇茂而復行以剛正之氣别具鑪錘卓然自名一家乃傳世無多歲久散軼顧隨珠和璧光不終揜曩者族兄給諫靜園於京師得鈔本文集三十二卷寄歸余叔明經如亭用編次之刊以行世尚惜竄嶺海時著有經解當時曾經表進詔藏秘閣者無復可得余族弟築夫留心購求者有年兹以其長嗣炎亭官尉餘杭意浙省爲人文淵藪當必

有藏書之家鴻博之儒可訪而致焉於是廣投贈勤咨詢幸遇朱朗齋先生勤加蒐采得以示之築夫勉力經營就杭付梓舉數百年湮沒不傳之手澤一旦從而表彰之斯固先公忠義不磨之神之所呵護而亦豈非吾弟訪求心誠獲交於賢士大夫之力也哉余方以跼蹐故園弗克勷事爲恨築夫郵書索言以綴簡末因具述獲傳之由以無忘所自云是爲跋

乾隆乙未年十二月二十二世孫廷棟謹跋

忠簡公經解

跋

人之精神皆有所寄吾家九世祖忠簡公生前之精神寄于君國身後之精神寄于述作然寄于君國者不能盡其用寄于述作者不能盡其傳古今來名臣名儒所遭大抵如是雖然特患無真精神以寄之耳果其有之方將如日星河嶽常留于天地間豈時數之所得而湮哉先公文集三十二卷刊于丙子當時族中伯叔諸昆已謂得之不易而猶以說經之書缺失爲憾由是余昆弟抱訪求之志久而不衰後二十

年長子光烯捧檄浙西爲餘杭縣尉余就養官舍與會城鮑以文朱朗齋訂交二君皆留心經籍多所見聞首以先公遺書屬其廣爲蒐輯并時時致書旭齋吾廬兩兄金門以亭兩姪及季子光誼輩交相博訪冀得稍慰望焉逾十年而公之春秋周禮禮記諸解及遺文附錄始出蓋得於鮑君之所摭拾而朱君輯錄之力尤多云甫付梓而猶子以亭適從族譜及王梅溪集錄出碑誌奏議和詩緘寄以備補遺且讀旭齋只跋語始知其在嶺南編訪經解之苦心如此余

自昔兄弟南北相距數千里風雨睽離且十餘年而兩人之用心不謀而合其得遂志與否特偶數耳苟非先公之精神式憑于後人其能久而復出若是乎公之經解任海南時祇是掤稿其成書經進在予祠歸廬陵之後宜付秘書省又在臨安行在宜乎粤中之不得其傳也集資付刊仍丙子之例列名卷首以為後來勸也

乾隆五十三年清和既望二十二世孫汝霖謹識